하나님과 친밀한 대화를 하라

대화로서의 기도

Deutscher Originaltitel: Siegfried Großmann, Ich möchte hören, was Du sagst.
Beten als Gespräch mit Gott ⓒ 2002 Brunnen Verlag Geißen, www. brunnen-verlag. de.
All Rights Reserverd

Korean translation copyright ⓒ 2013 by KINGDOM BOOKS Korean translation rights arranged with BRUNNEN VERLAG GMBH through EYA(Eric Yang Agency)

이 책의 한국어판 저작권은 EYA(Eric Yang Agency)를 통해 BRUNNEN VERLAG GMBH와 독점계약한 '킹덤북스'에 있습니다.
저작권법에 의하여 한국 내에서 보호를 받는 저작물이므로 무단전재와 복제를 금합니다.

대화로서의 기도

발행일	2013년 9월 1일
지은이	지그프리트 그로스만
옮긴이	하경택
발행인	윤상문
편 집	구경희
디자인	박진경, 표소영
발행처	킹덤북스

출판등록	제2009-29호(2009년 10월 19일)
주 소	경기도 용인시 기흥구 동백동 백현마을 코아루 아파트 2204동 204호
문 의	대표전화 031-275-0196
	팩스 031-275-0296
ISBN	978-89-94157-68-9 (03230)

· 이 책은 저작권법에 따라 보호받는 저작물이므로 무단전재와 복제를 금지하며,
· 이 책의 내용의 전부 또는 일부를 이용하려면 반드시 저작권자와 킹덤북스의 서면 동의를 받아야 합니다.

※ 잘못된 책은 구입하신 곳에서 교환하여 드립니다.
※ 책 가격은 표지 뒷면에 있습니다.

킹덤북스(Kingdom Books)는 문서사역을 통해 하나님의 나라를 확장하고, 한국 교회와 세계 교회를 섬기고자 설립된 출판사입니다.

지그프리트 그로스만 지음
하경택 옮김

하나님과 친밀한 대화를 하라

대화로서의 기도

여호와의 눈은 온 땅을 두루 감찰하사 전심으로 자기에게 향하는 자들을 위하여 능력을 베푸시나니 (대하 16:9)

Beten als Gespräch mit Gott

킹덤북스
Kingdom Books

대화로서의 기도 Beten als Gespräch mit Gott

서문	⋯ 7
역자 서문	⋯ 10

제1부 성서적 근거들 ⋯ 13

성서적 근거들	⋯ 15
구약성서에서 기도경험: 하나님께서 말씀하신다	⋯ 15
신약성서의 기도경험: 아버지와의 대화	⋯ 20
이방인과 같이 중언부언(plappern) 하지 말라	⋯ 22
외식하는 자들과 같이 기도하지 말라	⋯ 25
구하라 그리하면 주실 것이요	⋯ 28
너희는 이렇게 기도하라	⋯ 33
쉬지말고 기도하라	⋯ 39
그들이 마음을 같이하여 오직 기도에 힘쓰더라	⋯ 41
너희가 기도할 때는	⋯ 43

제2부 개인기도 ⋯ 47

개인기도	⋯ 49
나는 하나님께로 향한다	⋯ 50
청원	⋯ 53
하나님께 마음을 털어놓기	⋯ 54

중보기도	… 56
감사	… 57
찬양	… 59
경배(Anbetung)	… 60
하나님은 나를 찾아오신다	… 62
하나님은 어떻게 말씀하시는가?	… 66
하나님은 자신의 말씀을 통해 말씀하신다	… 72
하나님은 침묵으로 말씀하신다	… 75
하나님은 일상에서 말씀하신다	… 79
예수님과의 대화	… 83

제3부 공동체 기도 … 87

공동체 기도	… 89
공동체 안에서의 기도인가 아니면 기도 안에서의 공동체인가?	… 90
들음에서 시작되는 기도	… 96
예배에서 의사소통의 기도	… 102
예배의식(Liturgie)과 의사소통의 기도	… 103
기도사슬	… 105
찬양	… 108
축복	… 109
전망	… 110

서문

나의 하나님,

내가 주를 의지하오니,

나로 부끄럽지 않게 하소서.

여호와여,

나로 주의 길을 알게 하시고,

나에게 주의 길을 가르치소서.

여호와는 경외하는 자를

가까이 하시나이다.

(시 25편 중에서)

이것이 내가 바라는 기도다: 하나님의 현존에 대한 완전한 신뢰 속에서 그 분께 내 마음을 털어놓고, 나에게 떠오르는 모든 생각을 말한다. 그 분은 내게 응답하시고, 자신의 생각에 나를 참여하게 하신다. 내가 그 분께 진실로 가까이 있어, 그 분이 나와 친밀함으로 함께 하실 수 있고, 나에게 자신의 길을 보이신다. 내 기도는 더 이상 독백이 아니라 대화가 되며, 그 안에서 우리는 마음에 품고 있는 것들을 서로 이야기할 수 있다.

그러나 현실은 오랫동안 아주 달랐다: 나는 하나님께 늘, 내게 무슨 일이 일어났고 내가 바라는 것과 그 분께서 해주셔야 할 것들을 말했다. 그 때 그 분은 그 모든 것을 더 잘 아셨다. 그런데 난 그 분의 생각을 전혀 알지 못했다. 내가 그 분의 말씀에 귀 기울일 수 없는데, 어떻게 그 분이 나와 친밀함으로 함께 하실 수 있겠는가? 내 잘못(Unbehagen)이 어디에 있었는가를 깨달은 후에서야, 내 목표도 말할 수 있었다: 나는 하나님과 만남으로 그 분과 내가 마음에 있는 생각을 서로 나눌 수 있기를 원한다.

기도가 가지고 있는 대화의 특성이 얼마나 중요한 것인가를 깨닫고 난 다음, 나는 기도의 의사소통의 측면을 발견할 수 있는 계기를 만들었다. 처음에는 그것이 나에게 무척 불안했다. 왜냐하면 하나님과 나누는 대화로서의 기도는 우리 교회들의 영성 생활의 실제에서 매우 낯선 것이었기 때문이었다. 그러나 기도의 의사소통적인 특성은 예배 의식적 기도에서든 개인적인 자유기도에서든 매우 중요하다. 기도는 다름이 아니라, 사람이 하나님께 말하는 것이다.

나는 이 책에서 하나의 낯선 시각으로 기도라는 주제를 다루려고 하기 때문에, 오직 이 측면에만 집중하고자 한다. 그러므로 나에게는 그동안 광범위하게 잊혀져 온 이러한 기도의 영역을 서술할 수 있는 충분한 공간이 있고, 그것은 영성 생활에 적용될 수 있을 것이다. 본서는 세 단계로 구성되어 있다: 우선 먼저 의사소통적인 기도의 성서적 근거를 기술한다. 그런 다음 얻은 결과를 개인적인 기도의 영역에 적용한다. 셋째 장에선 그것이 기도모임과 교회 생활에 어떤 의미가 있는지 묻는다.

역자 서문

  기도는 말씀과 함께 신앙생활의 중심을 이루는 두 축이다. 기도는 신앙인의 호흡이라고 할 만큼 중요하다. 하지만 이렇게 중요한 기도에 대한 명확한 이해와 더불어 기도 실천에 대한 지침을 주는 책들은 많지 않다. 그동안 한국 교회는 부르짖는 기도, 강청하는 기도를 강조했다. 그리고 기도하는 바가 어떻게 이루어질 수 있는가 하는 응답에 초점을 맞추었다. 기도에 대한 이러한 태도는 기독교 신앙을 소원성취나 자기만족의 저급한 수준으로 전락시킬 위험을 내포하고 있다. 현재 한국 교회가 보여주고 있는 부정적인 모습 이면에는 기도에 대한 잘못된 인식이 큰 원인으로 자리하고 있음을 부인할 수 없다.

이 책은 이러한 기도에 대한 오해를 교정시킨다. 기도란 '하나님과의 대화'라는 것이다. 기도란 인격적으로 하나님을 만나는 시간이다. 기도는 사람에 의해서 시작될 수도 있지만 하나님에 의해서 시작될 수도 있다. 갖가지 문제를 안고 있는 인간이 자신의 중심을 털어 놓는 시간이기도 하지만, 하나님이 자신에게 말씀하시는 바를 듣는 시간이기도 하다. 기도는 기도자와 하나님이 친밀함 속에서 서로의 마음을 나누는 소통의 시간인 것이다.

저자는 먼저 기도에 대한 성서적 근거를 충실하게 찾아 논쟁하고 있다. 구약성서와 신약성서에서 많은 선례들과 교훈들을 통해 기도는 어떠해야 하는가를 보여준다. 그리고 그러한 기도를 개인적인 차원에서 할 때는 어떻게 해야 하는가를 자신의 경험담과 함께 설명한다. 마지막으로 저자는 공동체의 기도가 어떻게 되어야 할 것인가를 말한다. 단순히 "공동체 안에서 하는 기도"(Gebet in der Gemeinschaft)가 아니라

"기도 가운데 이루어지는 공동체"(Gemeinschaft im Gebet)가 되어야 할 것을 강조한다.

이 책은 개인의 영성개발과 기도 실천을 위한 지침서로 사용할 수 있을 것이다. 또한 소그룹이나 각종 기도모임을 인도하는 지도자가 공동체 기도를 이끌기 위한 안내서로도 활용할 수 있을 것이다. 기도에 대한 이론과 실천을 간략하지만 명료하게 보여주고 있는 이 책이 한국 교회에서 기도에 대한 이해를 새롭게 하는데 조금이나마 기여할 수 있기를 바란다.

2013년 7월

아차산 자락에서

역자

1. 성서적 근거들

여호와의 눈은 온 땅을 두루 감찰하사 전심으로 자기에게 향하는 자들을 위하여 능력을 베푸시나니(대하 16:9)

1. 성서적 근거들

 기도에 대한 수많은 성서의 진술 중에서 우리의 주제에 특별한 의미가 있는 본문을 택했다. 물론 본서의 범위에서는 본문에 대한 해석이 단지 대략적일 수밖에 없고, 선택된 본문들이 기도의 대화적 특성에 대해 무엇을 말하는가 하는 질문에 집중되어야 했다.

구약성서에서 기도경험: 하나님께서 말씀하신다

 구약성서에서 우리는 매우 다양한 기도의 경험들을 발견

한다. 모든 삶의 정황에서 사람들은 하나님께 향하고 그 분께 간청한다: 그들은 구하고 탄식하며, 찬송하고 감사하며, 하나님께 경배한다 – 또한 그들은 하나님께서 자신들에게 응답하시기를 희망한다. 그러나 구약성서에서 관심을 끄는 사실은, 또한 그 반대의 경우가 얼마나 자주 있는가 하는 점이다: 하나님께서는 사람에게 향하시고, 그를 부르며 그가 응답하기를 바라신다. 나는 사람에게 하시는 하나님의 말씀이 하나님께 드리는 사람의 말과 마찬가지로 기도의 일부라고 확신한다. 그러므로 우리는 "기도"의 개념을 우리의 전통적인 의미보다 더 넓게 이해해야 한다: 기도는 누가 주도권을 가지느냐에 관계없이 하나님과 인간 사이에서 일어나는 말과 생각의 모든 접촉이다.

하나님이 사람을 부르시는 부름에 대한 전형적인 예가 예언자로 부르신 사무엘의 소명사건이다(삼상 3:1-18). 이 사건에 대한 기사는 다음과 같이 시작된다: "그 때 여호와께서 사무엘을 부르셨다." 어리고 경험이 없던 사무엘은 자신의 이름을 듣고 자신의 스승인 예언자 엘리가 부른 것으로 생각한다. 엘리는 그런 사실이 없다고 말하였으나, 그 부름이 여러 번 반복되고 나서 이 부름이 오직 하나님께로서만 올 수 있음을 깨닫는다. 사무엘이 그 부름을 다시 들었을 때, 엘리는 그에게 "여호와여 말씀하소서. 당신의 종이 듣겠나이다." 하고 대답하라고 충고한다. 사무엘이 엘리의 말을 따르고, 그와 하나님 사이에 진정으로 대화할 수 있는 상황이 된 후에야, 하나님께서는 사무엘에게 엘리가 들어야 할 예언자적인 말씀을 전달하실 수 있었다.

이러한 대화의 특징은 소돔을 위한 아브라함의 간청에서 더 분명히 드러난다(창 18:16-33). 소돔을 멸망시키기로 작정하신 후, 하나님께서는 아브라함을 일의 결과만을 접하게 하지 않으신다: "여호와께서 말씀하셨다: 내가 행할 일을 아브라함에게 숨겨야 하는가?" 그래서 하나님께서는 아브라함과 말씀하시고, 무슨 일이 일어날 것인가를 알리셨다. 아브라함이 그것을 들었을 때, 그는 "여호와 앞에 서서" 소돔에 대한 하나님의 계획을 막기 위해 하나님과 협상을 벌이기 시작한다. 어떤 진술과 그 진술에 대한 반대진술이 이어지는 하나님과의 대화가 아브라함에게 얼마나 당연한 것인가 하는 점이 본문에서 똑똑히 드러난다. 그 협상은 하나님께서 아브라함의 제안에 동의하는 것으로 끝난다. 대화가 끝난 다음의 상황이 이렇게 기록되어 있다: "아브라함과 이야기를 마치시고, 여호와께서 떠나가셨다."

구약성서에서 사람들은 하나님을 자신들과 매우 자연스럽게 이야기하시는 대화의 상대자로 경험한다. 그는 사람들에게 말을 건네시고, 사람들은 그에게 응답한다. 또한 그들이 하나님께 말을 걸 땐, 하나님께서 그들에게 답변하실 것을 기대한다. 구약성서 전체의 증언을 살펴보면, 말씀하시는 하나님과 말하는 사람들 사이의 균형이 있음을 알 수 있다. 때로는 하나님께서 먼저 말을 거시고, 때로는 사람들이 먼저 이야기를 시작한다. 하나님의 형상을 따라 지음 받은 인간은 창조주의 대화 상대자로서 부름받았다. 하나님과 인간이 동등한 상대자는 아니라 하더라도, 그들 사이에는 신뢰 가득한 관계가 가능하다. 이 관계가 우리 모든 기도의 진정한 기초다.

구약성서의 기술에 따르면 하나님께서는 본래 어떻게 사람에게 말씀하셨을까? 본문을 볼 때, 아브라함이나 사무엘과 같은 인물들은 하나님의 음성을 보통 사람이 말하는 것을 듣는 것처럼 느꼈다. 실제로는 무슨 일이 일어났을까? 이것에 관한 내 자신의 경험이 있다. 내가 등산하다가 홀로 산 정상에 앉았을 때였다. 산에서도 잘 경험할 수 없는 절대적 고요함 가운데, 직접 나에게 말씀하시는 하나님의 음성을 들었다. 나중에서야 내가 무엇을 들었는지 정확히 알았다. 그러나 나는 그 때 내가 하나님의 음성을 정말 소리로 들었는지, 아니면 단지 내 내면에서 그렇게 인지한 것인지 분간할 수 없었다. 이것을 구분하는 것이 진정 중요한 것인가를 물었을 때, 나는 그 질문을 부정해야 했다. 나에게 중요했던 것은 하나님께서 말씀하신 바를 내가 알았다는 사실이다. 이 체험은 하나님이 말씀하시는 것을 직접 기대할 수 있도록 나를 고무시켰다 – 내가 그것을 체험하는 방식이 어떠하든지 관계없이 말이다.

신약성서의 기도경험: 아버지와의 대화

신약성서에서는 우선 단어선택에서 기도의 의사소통적 측면이 얼마나 강하게 표현되어 있는가를 알 수 있다. 통속 그리스어로 "신을 부르다"는 사실을 나타낼 때 euchomai라는 단어를 쓴 반면, 신약성서는 기본적인 의미에서 기도를 표현할 때 거의 언제나 proseuchomai라는 단어를 사용한다. Pros라는 접두어는 "-에게", "-부터", "-사이에" 등 다양한 움직임의 방향을 표현할 수 있는데, 이와 같은 사실은 우리에게 우리의 기도 경험이 얼마나 다양할 수 있는 지를 보여준다. 기도하는 가운데 사람은 하나님께 향하고, 기도하는 가운데 하나님은 사람에게 말씀하신다. 기도의 목적은 하나님과 사람 사이의 대화다.

기도는 대부분 내가 하나님께 부르짖고 그에게 내 사정을 아뢰는 것으로 시작된다. 그러나 나는 하나님께서도 나에게 말씀하시고자 하신다는 사실을 알기 때문에, 들을 준비를 한다. 그리고 이 의사소통의 관계가 이루어질 때, 기도는 독백에서 대화가 되었다. 기도 안에서 아버지에게 향하는 자는, 어디서나 그와 이야기할 수 있고, 그의 말을 들을 수 있으며, 그와 대화할 수 있다. 이런 의미에서 euchomai는 하나님에 대한 경배를 뜻하는 말에서 하나님과의 관계를 표현하는 말로 변했다.

예수께서 기도하실 때 하나님을 자신의 아버지로 부르셨다. 우리도 이와 같이 할 수 있다는 사실을 바울은 이렇게 설명한다: "너희는 다시 무서워하는 종의 영을 받지 아니하고 양자의 영을 받았으므로 우리가 아바 아버지라고 부르짖느니라"(롬 8:15). 우리가 하나님의 자녀이기에 우리는 멀리 계신 하나님께 기도하지 않고 예수 그리스도의 아버지께 기도한다. 왜냐하면 예수께서 우리를 위해 아버지께로 가는 길을 자유롭게 하셨기 때문이다. 하늘에 계신 아버지와의 관계는 신뢰관계다: 어떤 문제를 안고 있는 사람은 그 분께 의뢰한다; 곤경에 처한 자는 그 분의 도우심을 구한다; 좋은 일이 있는 사람은 그 분께 감사한다; 그 분의 위대하심으로 충만한 사람은 그 분께 경배한다. 그러나 하나님께서도 우리에게 용무가 있으시다: 의식적인 들음 속에서 우리는 우리 내면에서 하나님께서 우리에게 무엇이라 말씀하시는 가를 인지한다; 침묵의 일치 속에서 그 분을 향한 사랑이 커지고, 대화를 통해 그 분의 뜻에 대한 이해가 발전된다.

이방인과 같이 중언부언(plappern) 하지 말라

> 또 기도할 때에 이방인과 같이 중언부언하지 말라. 그들은 말을 많이 하여야 들으실 줄 생각하느니라. 그러므로 그들을 본받지 말라. 구하기 전에 너희에게 있어야 할 것을 하나님 너희 아버지께서 아시느니라. (마 6:7-8)

예수님의 말씀에서 "이방인과 같이 중언부언하는 것"은 기도가 응답되기 위해 많은 말을 하는 것을 말한다. 이교 세계에선 많은 신들을 섬기다 보니 어떤 신이 올바른 신인지 알 수 없어, 기도할 때 많은 신들의 이름을 나열해야 했다. 이뿐 아니라 각각 적절한 주문을 말해야 했으므로 자연히 기도가 길어졌다. 이러한 기도 생활을 하게 된 이유는 기도할 때

혹시 지나쳐 버린 신들의 진노를 불러일으킬지 모른다는 두려움 때문이었다. 예수님께서 경고하신 것은 많은 말 자체가 아니라, 이렇게 많은 말을 하게 하는 잘못된 신관이다. 하늘에 계신 우리 아버지는 시시한 일에 복수나 하시는 분이거나 아주 엄격하게 어떤 특정한 업적을 요구하시는 분이 아니다. 하나님의 요구사항을 충족시킬 수 없다는 두려움에서 기도하는 사람은, 아버지에 대한 신실한 관계를 잃어버리고 그 때문에 대화할 수 없고 기도할 수 없는 상태에 이를 위험이 있다.

예수님의 말씀에서 의미하는 두 번째 이방인의 기도는 바로 "하나님을 지치게 하도록 기도하는 것"이다. 사람들은 인간과 같은 신들을 상상했다. 그래서 사람이 말로써 그 신들을 오랫동안 성가시게 하면, 결국은 기도자의 소원을 들어줄 것이라고 생각했다 – 마치 자녀들이 오랫동안 졸라대면 마침내 부모들이 양보하듯이 말이다. 그러나 하나님은 좋은 아버지이시다. 그러므로 우리가 아무리 오랫동안 그 분을 괴롭힐지라도, 그 분은 우리에게 해가 되는 것은 그 어떤 것도 주지 않으신다. 그리고 우리에게 필요한 것은 적절한 때에 주신다. 따라서 "하나님이 지치시도록 기도하는 것"은 유익이 없다; 반대로 그것은 손해가 된다. 말을 많이 해야 기도를 들어 주신다고 희망하는 사람은 자기 자신의 상상을 고집하는 사람이요, 하나님의 말씀을 들을 수 없는 사람이다. 그는 하나님을 지치게 한답시고 기도하다가 자기 자신이 먼저 지쳐 버릴 것이다.

내가 오늘 지금까지의 나의 삶을 뒤돌아 볼 때, 하나님께서 많은 나의 기도를 들어주지 않으셨음을 기뻐한다. 왜냐하면 돌이켜 생각할 때 나의 바람에 대한 응답이 당시에 오히려 더 좋지 않았을 것이라는 사실을 깨닫기 때문이다. 그러므로 하나님께서 나의 소원이 나에게 고통을 줄 것이라는 사실을 아실 때, 자신의 주권 아래 자신의 뜻을 나의 뜻 위에 세우시는 것이 좋다. 하늘에 계신 아버지가 아니라 복수심에 찬 많은 신들을 가진 이방인들은 오로지 끈질김과 공적으로 자신들의 신들을 만족시키려 할 뿐이다. 그러나 우리의 기도는 목적이 달라야 한다. 왜냐하면 우리는 하나님의 자상하신 보살핌에 대한 신뢰 속에서, 그 분이 우리에게 주시고자 하는 것을 위해 우리 자신을 열어 놓을 수 있기 때문이다. 물론 이것은 우리 자신의 뜻을 이루는 것보다 그 분의 뜻을 이루는 것을 더 우선하고, 우리의 간구로 그 분을 끊임없이 괴롭게 하는 것을 포기할 때 가능하다.

외식하는 자들과 같이 기도하지 말라

> 또 너희는 기도할 때에 외식하는 자와 같이 하지 말라. 그들은 사람에게 보이려고 회당과 큰 거리 어귀에 서서 기도하기를 좋아하느니라. 내가 진실로 너희에게 이르노니 그들은 자기 상을 이미 받았느니라. 너는 기도할 때에 네 골방에 들어가 문을 닫고 은밀한 중에 계신 네 아버지께 기도하라. 은밀한 중에 보시는 네 아버지께서 갚으시리라. (마 6:5-6)

모든 진정한 기도는 아버지와 아들과 성령으로 우리에게 다가오시는 하나님을 향한다. 왜냐하면 그것은 그 분에 대한 우리의 관계의 표현이기 때문이다. 하나님께 기도한답시고 실제로는 사람에게 향하는 사람은 위선자다. 위선자란 '가면을 쓴 배우'를 말한다. 남에게 보이기 위한 그의 기도는 자신의 환경에서 자신의 지위를 높이기 위함이고, 하나님과의 관계로 충족되지 못한 자신의 경건을 가장한다. 단지 하나님께 기도하는 것처럼 기도하는 사람은 "자신의 상을 이미 받았다." 왜냐하면 그의 말은 사람에게 전달될 뿐 진정한 기도에 약속된 모든 능력을 상실했기 때문이다. 오늘날 공중기도에도 이런 위험성이 있다. 청중에게 깊은 감명을 주고자 기도하는 사람은 예수님의 말씀에 따르면 위선자다 – 그가 매혹적인 내용을 통해서 그렇게 하든 기도시간의 길이로 그렇게 하든 마찬가지다. 그런 기도는 어떤 역사도 일으키지 못하며 기도자가 하나님과 실제적 만남을 체험하는 것을 방해한다.

예수님께서는 기도하기 위해 사람 없는 곳에 들어가라고 권고하시며, 이 같은 사실을 예수님 당시 보통 집 밖에 지어 놓았던 창고(Vorratskammer)의 예를 들어 구체적으로 설명하신다. 그것은 잠글 수 있는 유일한 공간이었다. 그 곳은 밖에서만 들어갈 수 있었다. 골방에 들어가 문을 잠근 사람은 사람에게 보이려고 하는 기도를 드릴 위험이 없었다. 그러나 이 것은 골방의 유일한 이점이 아니다. 왜냐하면 그 곳은 사람이 특별한 방식으로 "은밀한 중에 계신 아버지" 하나님을 만날 수 있는 곳이기 때문이다. 닫힌 공간에 홀로 있는 사람은 하나님과 나누는 대화에 더 잘 집중할 수 있다. 골방에 들어감으로 얻어지는 조건들인 한적함과 고요함과 그 무엇으로부터도 방해 받지 않는다는 느낌이 이 대화에 도움을 준다.

"하나님께서 은밀한 중에 계시며 은밀한 중에 보신다"는 예수님의 말씀은 무엇을 뜻하는가? 한적함은 나의 아버지 하나님과 대화할 때 그 분이 마치 내 앞에 앉아 계시는 것처럼 느낄 수 있도록 도와준다. 또한 나 혼자 그 분을 대면하고 있기 때문에 내 자신을 위장할 필요가 없다. 그렇게 하지 않아도 하나님께서는 나를 너무나 잘 알고 계시기 때문이다. "은밀함"은 내 자신을 하나님뿐 아니라 내 자신에게도 열 수 있는 친밀한 공간을 제공한다. 그것은 내가 다른 상황에서는 쉽게 경험할 수 없는 기도의 직접성과 진실함에 이르게 한다. 하나님께 향하는 나의 말과 내가 그 분께로부터 듣는 자극들이 대화가 되기 위해선 서로 많은 시간이 필요하다. 예수님께서는 밤이나 이른 아침에 아무에게서도 방해받지 않고 여러 시간 동안 기도할 수 있는 산에 올라가심으로 이런 시간을 가지셨다. 만약 예수님께서 자신의 맘에 있는 것을 자신의 아버지께 일방적으로 말하려고만 하셨다면, 굳이 이런 시간이 필요 없었을 것이다. 그러나 예수님께는 서로의 속마음을 들여다 보게 하는 깊은 대화를 나누기 위해서 이런 시간이 필요했다.

구하라 그리하면 주실 것이요

구하라, 그리하면 너희에게 주실 것이요;
찾으라, 그리하면 찾아낼 것이요;
문을 두드리라, 그리하면 너희에게 열릴 것이니.
구하는 이마다 받을 것이요,
찾는 이는 찾아낼 것이요,
두드리는 이에게는 열릴 것이니라.

너희 중에 누가 아들이 떡을 달라 하는데 돌을 주며,

생선을 달라 하는데 뱀을 줄 사람이 있겠느냐?

너희가 악한 자라도 좋은 것으로 자식에게 줄 줄 알거든,

하물며 하늘에 계신 너희 아버지께서

구하는 자에게 좋은 것으로 주시지 않겠느냐?

(마 7:7-11)

나는 오랫동안 이 본문을 이해하기가 어려웠다. 왜냐하면 절대 나의 모든 기도가 응답된 것이 아니었기 때문에, 예수님께서 이 말씀을 통해 말씀하시고자 하는 바가 무엇인지 이해할 수 없었다. 이 본문을 결론부의 말씀을 통해 해석할 때 비로소 이해의 문이 열렸다. 거기에는 이렇게 기록되어 있기 때문이다: 하나님께서 좋은 것을 주신다. 이것은 또한 하나님께서 기도하는 자에게 정말 좋은 것만을 주실 수 있다는 뜻이다. 이런 시각으로 내 기도를 관찰해 볼 때, 왜 하나님께서 그렇게 많은 나의 기도를 들어주지 않으셨는가 하는 점을 깨닫게 된다. 그것은 그 기도의 응답이 나에게 해만 될 것이었기 때문이다. 예수님께서는 이 말씀을 통해 우리

가 하나님께 대한 신뢰를 갖기를 촉구하신다: 사람이 선을 행할 줄 안다면, 우리는 얼마나 더 많은 좋은 것을 하나님께 기대할 수 있겠는가? 그러므로 하나님께서는 자신의 뜻과 일치하는 경우에만 내 기도를 들어 주실 수 있다. 또한 하나님과 관계에서 보여지는 만연된 대화의 무능력함을 고려할 때, 우리는 그리스도인으로서 하나님의 뜻을 깨닫는 데 그리 큰 적중력을 보여주지 못했다.

그렇다면 하나님께서 우리에게 필요한 것이 무엇인가를 더 잘 아시고 계시며 우리에게 좋은 것만을 주실 수 있음에도 불구하고, 예수님께서 우리에게 기도하라고 요구하시는 것은 앞뒤가 맞지 않은 말이 아닌가? 기도가 가지고 있는 대화의 특성의 차원에서 볼 때 여기에는 깊은 뜻이 있다. 어떤 것에 대한 간구는 내가 나에게 필요한 것을 알았을 때만 말할 수 있다. 나는 하나님께 이런 간구를 드림으로 하나님께서 이런 필요를 채우실 수 있고 그 분의 도움을 통해 내가 형통케 될 수 있다는 기대를 표현한다. 내 간구를 통해 나는 내 자신을 하나님의 행동에 개방한다. 그리고 이것을 통해서야 비로소 하나님께서 나에게 말씀하시는 바가 무엇인가를 더 정확하게 들을 수 있는 능력이 생긴다. 그러므로 우리가 우리의 사정을 하나님께 아뢰는 것은 의미가 있다. 물론 우리가 우리의 기도 가운데 들을 준비가 되어 있을 때만 그렇다. 왜냐하면 나의 간구는 하나님과 나누는 대화의 문을 여는 것에 지나지 않기 때문이다. 그 대화에선 하나님께 대한 나의 소원이 중심이 되지 않고, 나에 대한 그 분의 바람이 중심이 된다.

이런 인식을 가지고 이제 본문을 완전히 새롭게 읽어보자:

> 구하라, 그리하면 너희에게 (그 무엇을) 주실 것이요,
> 찾으라, 그리하면 너희가 (그 무엇을) 찾아낼 것이요,
> 두드리라, 그리하면 (어디에선가) 열릴 것이니.

하나님께서는 우리의 모든 간구를 들으시고 그것에 응답하신다. 그러나 그 분은 자주 우리가 상상한 바와 다르게 응답하시며, 항상 우리가 구한 것 그대로 주시지는 않는다. 종종 그 분은 우리가 간구할 때 생각했던 것보다 더 나은 길을

우리에게 보여주시기 위해 우리 손을 잡고 우리를 이끌고 가신다. 그러나 이런 일은 우리가 우리의 간구를 성가시게 줄곧 반복할 때 일어나지 않는다. 그것은 우리의 간구를 틀린 것을 바로 잡으시는 하나님의 말씀과 예상치 못한 것을 행하시는 그 분의 행동에 자신을 개방하는 대화의 시작으로 볼 때 일어난다. 이렇게 구하고 듣는 사람은 예수님께서 여기에서 하신 약속이 맞다는 사실을 경험하게 될 것이다.

이것은 내 기도의 경험에 대한 새로운 평가에 이르게 한다. 물론 내가 하나님께 어떤 것을 구했을 때 하나님께서 그 구한 것 그대로 주신다면 기쁠 것이다. 그렇지만 그렇게 순조롭게 이루어지지 않는 기도의 응답이 더 가치가 있다. 왜냐하면 "단순한" 기도 응답에선 내가 무엇인가를 받긴 했지만, 나의 인생길을 위해 많은 것을 배우지는 못했기 때문이다. 하나님께서 내 기도를 나의 뜻대로 들어주시지 않을 때에 나는 그 분께 그 상황을 어떻게 보시는지 묻는다. 그리고 계속되는 기도와 깊은 생각과 다른 사람과의 대화와 이해되지 않는 상황에 대한 인내에서 종종 왜 하나님께서 나의 간구를 들어주실 수 없었는지를 깨닫게 된다. 만약 하나님과의 대화에서 새로운 길이 보였다면, 내 기도는 그럼에도 불구하고 응답된 것이다 – 그리고 나는 사건과 사물을 보는 하나님의 시각에 대해 많은 것을 배웠다. 그러나 하나님이 무엇을 원하시는지 분명치 않을 때 나는 무엇을 해야 하는가? 그 때는 하나님의 침묵을 받아들이는 수밖에 달리 할 수 있는 일이 없다. 그리고 그 침묵을 하나님께서는 선을 원하시고 그것을 행하신다는 사실을 믿고 신뢰함으로 받아들인다면, 기도하고자 하는 나의 마음은 결코 제한되지 않을 것이다.

너희는 이렇게 기도하라…

그러므로 너희는 이렇게 기도하라:
하늘에 계신 우리 아버지여,
이름이 거룩히 여김을 받으시오며,
나라가 임하시오며,

뜻이 하늘에서 이루어진 것 같이,

땅에서도 이루어지이다.

오늘 우리에게 일용할 양식을 주시옵고,

우리가 우리에게 죄 지은 자를 사하여 준 것 같이,

우리 죄를 사하여 주시옵고,

우리를 시험에 들게 하지 마시옵고,

다만 악에서 구하시옵소서.

나라와 권세와 영광이

아버지께 영원히 있사옵나이다. 아멘.

(마 6:9-13)

　우리가 지금까지 살펴 본 산상수훈의 말씀에서 예수님께서는 아버지와 나누는 대화를 방해하는 기도의 태도와 기도의 형식에 대해 집중하시며 청중들에게 하나님을 절대적으로 신뢰하도록 고무시킨다. 이제 주기도문에서는 예수님께서 우리의 기도에 특별한 의미가 있는 기도의 내용들을 말씀하신다. 나는 예수님께서 주기도문을 통해 우리에게 의무적인 기도의 내용이 무엇인가를 알려 주신 것이 아니라, 우리 기도가 어떤 지평에서 이루어져야 하는 가에 대한 예를 드신 것이라고 확신한다.

더 오래된 본문이라고 추측되는 누가복음의 주기도문(11:1-4)에는 부름의 말이 단순히 "아버지"라고만 되어 있다. 이것은 자신의 아버지를 부르는 어린 아이와 같이 우리가 하나님께 이렇게 아주 당연하게 말을 건넬 수 있도록 우리를 고무시킨다. 이것은 절대 동료관계를 말하는 것이 아니다. 왜냐하면 건강한 가정에서 자란 아이는 자신의 아버지와의 관계에서 친근감과 존경심을 동시에 느끼기 때문이다. "하늘에 계신 아버지"는 가깝고도 멀다. 그 분은 나를 개인적으로 돌보시면서 이 세상 전체를 주장하신다. 친근함과 존경은 타원의 두 중심점처럼 하나님에 대한 우리의 관계에서 모든 것을 포괄한다.

주기도문의 첫 번째 세 가지 기원은 우리의 상황이 아니라 하나님의 관심사에 관한 것이다. 그런데 왜 우리가 그것을 위해 기도해야 하는가? 우리가 하나님의 이름이 거룩해지고 하나님의 나라가 임하며 그의 뜻이 이루어지는 것이 우리 기도의 내용이 될 때만 그 일들이 이루어진다고 말할 순 없다. 나는 이것을 정반대로 이해해야 한다고 생각한다: 우리가 하나님의 관심사를 위해 기도함으로 그것이 우리에게 의식되도록 할 때, 우리는 그것을 우리의 관심사로 만들 수 있다. 왜냐하면 하나님의 이름이 거룩해지기를 위해 기도할 때, 우리는 우리의 삶에서 그 분을 위한 자리를 위해 노력할 것이기 때문이다. 우리가 하나님의 나라가 임하기를 원할 때, 우리는 그 분을 위한 길을 고르게 하려고 애쓸 것이다. 하나님의 뜻이 이루어지는 것이 우리에게 중요하게 되면, 그 분의 뜻을 깨닫고 그것이 우리의 뜻이 되게 하기 위해 노력할 것이다. 하늘에서는 이런 일들이 이미 이루어지고 있다: 그곳에선 하나님께서 거룩하게 되며 그의 나라가 임했고, 그의 뜻이 이루어진다. 이와 같은 일이 땅에서도 이루어져야 한다: 그러므로 우리 기도의 중심에 우리가 하나님께 원하는 것에 있지 않고, 하나님께서 우리에게 원하시는 바가 있어야 한다. 아버지와의 대화에서 친근한 분위기가 하늘의 넓은 지평과 대립되어서는 안 된다.

주기도문의 두 번째 부분에 이르러서야 비로소 예수님께서는 우리와 직접적인 관련이 있는 물음에 관심을 기울이신다. 첫 번째 부분에서처럼 여기에는 모든 중요한 기도 내용이 아니라, 단지 몇 가지 예만 열거되어 있을 뿐이다. 일용할 양식을 위한 기원은 외부적인 생존의 문제를 위한 것이고, 용서를 위한 기원은 인간의 공동생활을 위한 것이다. 이 두 분야는 하나님께 중요하다. 왜냐하면 이 두 분야가 우리의 생활에 필수적인 것들이기 때문이다. 그의 나라와 우리의 일상생활을 동시에 언급하는 것은 하나님이 우리 아버지라는 사실을 대변한다. 하늘에서처럼 땅에서도 일상생활의 외면적인 필요와 내면적인 필요에 이르기까지 하나님의 존재와 그 분의 의지에 상응하는 일들이 실현되어야 한다.

마지막 기원은 우리가 이것을 예수님 당시 유대적 전통과 비교해 볼 때에만 이해될 수 있다. 왜냐하면 경건한 유대인들은 매일 드리는 그들의 기도에서 자신들이 유혹에 이끌리기를 기도했다. 그들은 하나님께 대한 자신들의 완전한 순종을 증명할 수 있게 하기 위하여 자신들이 시험대에 오르고자 했다. 그러나 예수님은 쉽게 유혹에 빠지는 인간의 연약성을 아셨기 때문에 이런 전통에 반대하신다. 그래서 예수님은 당시 사람들과 반대로 하나님께서 사람을 유혹에 빠지지 않게 하시고, 악한 세력의 영향력으로부터 자유롭게 되기를 기도하신다. 유혹의 장본인은 하나님이 아니라 그 분의 대적자인 사탄이다. 아마도 이 두 진술의 순서를 바꾸면 본문이 말하고자 하는 바가 분명해질 것이다: "우리가 유혹에 빠지지 않도록 우리를 악에서 구원하시옵소서."

주기도문은 놀라운 소식을 전해 준다: 우리는 하나님께서 제공하시는 관계에 반응하고, 그 분의 뜻을 받아들이며, 우리의 삶 전체를 그 분께 맡기며, 하나님의 자녀로서 하나님 아버지의 영광에 대한 몫이 있으므로 악에 대한 경험이 있을지라도 하나님을 함께 찬양할 수 있다. 그러므로 우리는 주기도문의 "완결"을 의미하는 찬양에 진심으로 동참할 수 있다: "나라와 권세와 영광이 영원히 있사옵나이다. 아멘."

쉬지말고 기도하라

항상 기뻐하라.
쉬지 말고 기도하라.
범사에 감사하라.

(살전 5:16-18)

나는 오랫동안 이 본문에 대한 의문을 가지고 있었다. 왜냐하면 이 말씀이 너무 절대적이어서 비현실적이라고 생각했기 때문이다. 나는 항상 기뻐할 수 없고, 24시간 내내 기도할 수 없으며, 내가 경험하는 모든 것에 감사할 수 없다. 내가 기도의 의사소통의 측면에 몰두하기 시작했을 때, 이런 생각이 변했다. 기도가 나와 하나님과의 관계에 대한 표현이라면, 지속성은 돌연 의미가 있게 된다. 쉬지 말고 기도하라는 것은 하나님과 지속적인 관계 속에 있으며 대화할 준비가 되어 있다는 것을 의미한다. 이것은 부부생활에 비유할 수 있다: 남편과 아내는 하루 중 많은 시간을 함께 하지만 쉼없이 서로 얘기하진 않는다. 그렇지만 둘 중 한 사람이 말을 걸면 다른 사람은 바로 대화할 준비가 되어 있다. 그러므로 쉬지 말고 기도하라는 말씀은 다음과 같은 의미가 있다: 나는 언제든지 하나님께 말을 걸 수 있고, 나 또한 항상 그 분의 대화의 상대자가 되려고 한다.

위의 본문의 다른 말씀들이 의미하는 바도 비슷하다. 나는 항상 기뻐할 수 없다. 그러나 기쁨이 내 삶의 기초가 될 순 있다. 왜냐하면 나는 하나님의 창조세계에 살고 있고, 예수 그리스도를 통해 구원받았으며, 성령으로 충만하기 때문이다. 이런 기쁨은 내가 어둠의 시간을 지날 때에도 나를 떠나지 않는다. 나는 내가 경험하는 모든 것에 감사할 수 없다. 그러나 이 감사가 나의 삶의 기초가 될 순 있다. 왜냐하면 나는 하나님의 자녀요, 그 분을 가까이 할 때 얻어지는 그 분의 보호 속에 살고 있기 때문이다. 이런 근본적인 기쁨과 감사는 하나님과 또한 삶에 대한 나의 관계를 결정한다. 이 같은 사실은 예배나 개인적인 기도시간에 기도할 때 뿐 아니라 하나님과 대화의 준비성을 모든 영역에서 나의 삶 전체의 근거로 삼을 때, 나에게 큰 자유를 준다. 나는 내가 원할 때면 언제 어디서나 그 분과 얘기할 수 있고, 그 분 또한 어디서든지 당신의 감동을 통해 나에게 다가오실 수 있다.

그들이 마음을 같이하여 오직 기도에 힘쓰더라

> 여자들과 예수의 어머니 마리아와 예수의 아우들과 더불어 마음을 같이하여 오로지 기도에 힘쓰더라.
>
> (행 1:14)

이 본문에서 우리는 기도의 공동체성을 보게 된다. 기도의 이러한 측면은 신약성서에서 매우 중요한 역할을 하지만, 직접적으로 논의되는 예는 드물다. 그러므로 우리는 신약시대 교회에서 공동체 기도가 어떠했는지를 알려고 한다면 "행간(行間)"을 읽어야 한다. 예수님이 승천하신 후 함께 모여 있던 예수님의 제자의 수는 대략 120명정도였다. 이 본문에서 그들이 항상 함께 있었는지 아니면 단지 정해진 시간에만 모였는지 확실하지 않다. 그들의 기도에 관하여 그들은 "마음을 같이하여" 기도에 "오직 힘썼다"고 기록되어 있다. "오직 힘썼다"는 말과 "마음을 같이하여"라는 말은 무엇을 의미하는가? "오직 힘썼다"는 말은 그들이 쉬지 않고 기도했다는 것이 아니라 기도에 "충실하고 끈질겼다"는 의미이다. "마음을 같이하여"라는 말은 모든 사람이 똑같이 생각하고 행동했다는 것이 아니라 "목표에 하나가 되었다"는 뜻이다.

어떻게 우리는 초기 기독교회의 공동체 기도를 상상할 수 있을까? 여기 확장된 제자집단과 예루살렘의 후기 교회에서는 회당 예배의 예배의식이 큰 역할을 했다. 그러나 추측하건데 그것은 처음부터 영감에 따라 즉흥적으로 행해진 자유 기도와 공존했을 것이다. 베드로와 요한이 풀려난 후 드린 교회의 기도(행 4:24-30)는 계속 서로 교대로 나타나는 구약성서의 인용과 당시 현실적인 기도내용으로 구성되어 있다. 다시 말하면 그것은 예식적 기도와 자유기도의 혼합이었다. 안디옥과 고린도와 같이 사도 바울의 사역과 관련이 있는 교회에선 즉흥적인 성령의 역사와 활동들이 여기에 추가된다. 확장된 제자집단은 아마도 하루에 한 번이나 여러 번 있었던 기도시간에 만났을 것이다. 그 때 그들은 시편기도문과 노래들로 하나님을 찬양했고, 자신들의 소원을 자유기도를 통해 간구했으며, 고요함 가운데 성령의 감동들을 듣기 위해 힘썼다.

너희가 기도할 때는 …

이 말로써 예수님께서는 기도에 관한 자신의 가장 중요한 말씀을 시작하신다. 다음의 명제들 안에서 주석을 통해 얻어진 기도에 관한 통찰들을 요약하고자 한다.

1. 기도는 말로 하든 생각으로 하든 상관없이 하나님과 사람 사이에 이루어지는 교제다. 그 교제는 사람에 의해서 시작될 수 있지만, 하나님 편에서 시작될 수도 있다. 기도의 목적은 그 안에서 서로가 자신들의 관계를 표현하는 두 상대자 간의 대화다.

2. 대화로서 기도는 예수님이 창고(골방)의 예를 통해 분명히 보여주셨던 다음과 같은 전제 조건들이 필요하다: 사람을 위한 기도가 되는 것을 방지하는 홀로됨; 대화가 발전될 수 있도록 충분한 시간을 가지게 하는 한적함; 하나님께 집중하게 하고 그 분의 말씀을 듣는데 도움을 주는 고요함.

3. 기도할 때 말을 많이 하는 것은 소용이 없다 – 어떤 특정한 "기도의 성과"를 나타내지 못하리라는 두려움에서 하든 아니면 하나님께 자신의 생각을 강요할 수 있다는 잘못된 판단에서 하든 상관없이 말이다. 예수님께서는 우리가 기도할 때 하나님께서 주시는 자극들을 신뢰하라고 촉구하신다.

4. 하나님께서는 우리의 모든 기도를 들으신다. 그러나 종종 우리가 바라는 대로 응답하시지 않는다. "단순한" 기도응답은 편하다. 그러나 우리에게 하나님의 뜻을 새롭게 묻게 하고 그렇게 함으로 우리의 삶을 변화시키는 기도응답이 더 가치가 있다.

5. 하나님께서는 우리의 존재가 달려있는 문제에 관한한 우리의 간청에 동의하신다. 왜냐하면 그 분은 우리가 필요한 것은 모두 갖기를 원하시기 때문이다. 그러나 또한 그 분은 아버지 하나님과 나누는 우리의 개인적인 대화가 하나님 나라의 넓은 지평에 편입될 수 있도록 우리가 자신의 관심사에 일치되기를 바라신다.

6. 기도는 어떤 특정한 기도시간이나 기도모임의 문제가 아니라 우리의 삶 전체를 포괄한다. 지속적인 기도란 하나님과 쉬지 않고 이야기하는 것이 아니라, 언제든지 하나님의 말씀을 듣고 그 분과 대화할 준비가 되어 있는 상태를 말한다.

7. 공동체 기도는 그것이 하나님의 뜻을 깨닫고자 하는 공통의 목적을 가지고 또한 서로가 친밀하여 자신들의 상이한 인식과 경험과 자극들로 서로를 보완하는 그리스도인들이 모인 공동체 안에서 한 마음이 되어 이루어질 때, 특별한 기회를 제공한다.

2. 개인기도

여호와의 눈은 온 땅을 두루 감찰하사 전심으로 자기에게 향하는 자들을 위하여 능력을 베푸시나니(대하 16:9)

2. 개인기도

하나님과 사람 사이의 개인적인 대화로서 모든 기도는 일회적이다. 왜냐하면 사람들은 다양하고 그들의 삶의 정황 또한 다양하기 때문이다. 그리고 하나님께서는 사람을 대화의 상대자로서 중요하게 받아들이시고 그 다양한 상황을 따라 응답하신다. 그러므로 의사소통적인 기도에서는 일반화시킨 진술들이 매우 제한된 범위에서 허용될 수 있다. 내 개인적인 깨달음과 경험을 전달하기 때문에 이 진술들은 단지 제안에 불과할 것이다. 그것들은 하나님과의 대화에 이르는 각자 자신의 길을 발견하는데 도움이 될 것이다. 이 길은 각 개인의 성품뿐 아니라 그의 신앙고백적인 신조와 영적인 기초

경험이 무엇이냐에 따라 달라질 것이다.

나는 하나님께로 향한다

기도할 때 우리는 거의 모든 경우 우리 자신의 소원을 말하기 위해 하나님께로 나아간다. 이러한 "고전적인" 기도의 모형은 매우 다양한 모습을 띤다. 내용으로 보자면 이러한 기도는 간구, 중보기도, 탄식, 찬양, 감사, 경배 등으로 구성된다. 우리는 우리의 소원을 자유롭게 작성된 기도를 통하거나 예배의식서의 기도문을 사용하여 말할 수 있다. 이런 기도를 위한 많은 동기들이 있다: 정기적인 기도, 식사기도, 예배나 기도모임에서의 기도 – 이뿐 아니라 어떤 특정한 사건을 경험할 때나 그냥 기도할 필요를 느끼기 때문에 일어나는 즉흥적인 감동에 의한 기도가 있다. 우리가 우리의 소원을 가지고 하나님께 나아가는 것은 성서에서나 다양한 기독교 전통에서 우세하게 나타나는 기도의 형태다.

우리가 기도를 통해 하나님께 나아갈 때는 우리가 이미

언급했던 많은 말이나 잘못된 동기로 인한 곤경에 처할 위험이 항상 있다. 따라서 우리 기도가 이른바 심리 사회적인 (psychosozial) 영역에 머물러 있을 수 있다. 우리는 우리의 모든 것을 말할 수 있는 대상이 필요하기 때문에 하나님께 우리 마음을 털어 놓긴 하지만, 그 분이 우리에게 응답하실 것이라는 사실을 기대하지 않는다. 그러므로 기도가 우리의 정신적인 부담을 줄어들게는 할 수 있지만, 하나님께서 예비하신 위로나 우리에게 당장 필요한 개선은 우리가 경험할 수 없다. 우리가 원하는 것을 주시도록 하나님을 설득시키려고 할 때, 우리의 기도는 독백에 지나지 않는다. 하나님은 자신의 뜻에 맞지 않는 것은 그 무엇도 주시지 않는다 - 그러므로 우리 기도는 응답되지 않고 하나님의 뜻은 알려지지 않는 채로 남아 있다. 그리고 자신의 경건을 남에게 보이기 위해서 기도하는 사람은 벽에 대고 기도하는 사람과 같으며 절대 하나님께 다다를 수 없다.

이런 잘못된 길에 한 가지 올바른 핵심은 있다. 그러나 이 핵심이 너무 과장되어 곤경에 빠지게 된다. 우리가 하나님께 우리의 마음을 털어 놓는 것은 좋다. 그러나 우리가 하나님을 우리의 말을 들어주는 분으로만 생각한다면 그것은 너무 협소한 이해이다. 왜냐하면 그렇게 될 때는 그 분이 우리에게 말씀하시고자 하는 바를 듣지 못할 것이기 때문이다. 우리가 어떤 중요한 문제가 있을 때 끈질기게 기도하는 것은 옳다 – 물론 그 때에도 하나님을 언제까지나 성가시게 할 것이 아니라 끊임없이 그 분의 말씀을 듣는 것이 중요하다. 하나님과 개인적으로만 이야기할 것이 아니라 공개적으로 기도하는 것도 의미가 있다. 한 사람이 모든 사람이 말하고 싶어 하는 바를 기도할 수 있고, 듣는 사람들에게는 내적으로 함께 기도할 수 있는 기회를 줄 수 있다. 그러나 공개적으로 기도하는 사람은 누구나, 자신의 기도가 쉽게 남에게 보이기 위한 기도로 전락할 수 있고 그렇게 됨으로 기도의 본질이 손상될 위험이 있다는 것을 잘 알고 있어야 한다.

　내 자신의 경험에서 나온 다음의 예들은, 우리의 관습적인 기도 형식들이 어떻게 의사소통적인 기도에 개방될 수 있는가 하는 점을 보여줄 것이다.

청원

나는 종종 아침에 하나님께서 그날 해야 할 일의 우선성을 깨닫도록 도와달라는 기도를 한다. 내가 이렇게 구체적인 청원을 말할 때는 바로 이어서 기도하지 않고, 하나님께서 나에게 어떤 직접적인 감동을 주시는지를 기다린다. 기도할 때나 기도한 후에 어떤 우선적인 일들이 떠오르면 나는 그것을 기록한다. 물론 나는 얼마나 쉽게 내가 내 자신을 속일 수 있는지를 알기 때문에, 그것들을 하나님의 절대적인 지시로 생각하지 않고 단지 가능성 있는 지침으로 생각한다. 그런 다음 일을 시작할 때 나는 이 감동들을 검토하고 그것들을 그날의 내 계획에 포함시키려고 노력한다. 내 경험은 각각 다르다: 어떤 때는 기도가 끝난 후 바로 내가 기도시간에 기록한 우선순위 목록을 확인시켜주는 어떤 전화를 받기도 한다. 어떤 경우는 도무지 아무것도 맞지 않아 하나님께 현실을 바로 볼 수 있는 눈을 달라고 기도하고 그동안의 나의 경험에 비추어 행동한다. 하나님과 대화의 기도를 하는 사람은 늘 자신의 생각과 하나님의 감동을 혼동하지 않도록 신중하게 검토하며 행동으로 옮겨야 한다. 그러나 그렇게 하면 이 듣는 기도는 매우 가치있는 것으로 드러난다. 왜냐하면 그것은 우리에게 유익한 자극들을 제공할 뿐만 아니라 동시에 우리가 하나님 나라의 지평에 더 나은 일상적인 결정들을 내리게 하기 때문이다.

하나님께 마음을 털어놓기

내가 절망적인 상황을 맞고 있을 때, 나는 그냥 하나님께 내 속내를 털어놓고 어떤 "기도의 원칙"에 얽매이지 않는다. 왜냐하면 내 마음 속에 있는 모든 것을 그 분께 말할 수 있다는 것은 얼마나 좋은 일이지 모르기 때문이다. 그렇지만 이 때에도 내 기도가 대화의 성격을 잃지 않는 것이 중요하다. 왜냐하면 하나님께서 내 상황에 필요한 어떤 중요한 것을 말씀하시고자 하실 수 있기 때문이다 – 그 분은 아마도 나를 직접적으로 위로하시고자 하거나 내 삶에서 내가 변화시켜야 할 것을 분명히 가르쳐 주시고자 하실지 모르기 때문이다. 언젠가 내 아내가 오랫동안 아팠을 때, 우리는 그의 치료를 위해 집중적으로 기도했다. 그러나 그 병은 좀처럼 나아지지 않았다. 나는 그 상황을 이해할 수 없었고 기도가 공격적으로 변했다: "주님, 당신도 그 병을 고칠 수 없으신가요? 우리가 이렇게 아내의 건강을 위해서 지속적으로 기도하는 데도 거의 아무런 변화가 없습니다." 나는 상당히 격분해 있었으나, 하나님께서 이런 상황에서도 나에게 말씀하시고자 하는 바가 있지 않나 하는 것을 듣기 위해 냉정을 찾으려 애썼다. 서서히 나는 평온해졌고, 하나님께서 그 치료가 그렇게 더디게 하신 것에 대한 합당한 이유가 있을 것이라는 생각을 할 수 있게 되었다. 시간이 지나서 우리는 다음 단계로 가는 이 기다림의 시간이 우리 두 사람을 위해 매우 가치 있는 시간이었다는 사실을 깨달았다. 왜냐하면 하나님께서는 우리 삶의 다양한 영역을 이 치료와 함께 고치셨기 때문이다. 고요함에서 경험하는 감동이 없었다면 나는 내 기도 가운데 늘 하나님과 언쟁만 했을 터이고, 하나님께서 이렇게 통전적으로 행동하시게 하는데 전제조건이 된 내적인 평안에도 결코 이르지 못했을 것이다.

중보기도

우리가 다른 사람을 위해 기도할 땐, 하나님께 그의 어려움을 말하고 그를 도우시기를 간구한다. 의사소통적인 기도의 의미에서 그것은 대화의 시작이다. 그 때 우리는 한 사람의 곤경을 하나님께서 도우실 수 있다는 하나님께 대한 기대와 연결시킨다. 하나님의 도우심은 종종 매우 실제적이며 곤경에 처한 사람을 생각하고 있는 사람에게까지 미친다. 그러므로 내가 중보기도할 때 "주님, 나에게 주시는 말씀은 없습니까?" 라고 묻는 것은 그동안 매우 당연한 것이 되었다. 나는 그 때 그 곤경을 감소시키거나 극복하는데 도움을 주는 어떤 자극을 받는 것을 늘 새롭게 경험한다. 그러므로 여러 번 나는 기도하는 그 사람을 위해 생각 속에서 축복하지 않을 수 없었다. 나는 편지를 쓴다거나 혹은 전화를 건다거나 아니면 다른 사람에게 이 문제를 위해 기도해 줄 것을 부탁하라는 감동을 받았다. 한 번은 내가 어떤 환자를 위해 기도할 때, 장시간 집중적으로 기도할 것과 그를 축복하라는 느낌을 받았다. 나중에 안 사실이지만, 바로 그 시간에 그 당

사자는 어려운 수술을 받았고 그 수술은 잘 되었다. 그러므로 중보기도는 다방면에서 의사소통적인 기도의 관심사에 개방되어 있고, 하나님께는 기도자로서 우리가 그 분이 하기 원하시는 일에 참여할 수 있는 기회를 제공한다.

감사

내가 어떤 기도모임에서 한 중요한 경험을 하기까지 오랫동안 나는 감사에서 의사소통적인 면을 발견할 수 없었다. 어떤 젊은 여자가 준비가 턱없이 부족한 상태에서도 자신이 대학교 전공을 위한 중간자격시험(Zwischenprüfung)에 합격한 것에 대해 하나님께 감사했다. 그런 다음 잠시 휴식이 있었다. 왜냐하면 우리는 모두 이 감사에는 영적인 보충설명(Kommentar)이 필요하다고 느꼈기 때문이었다. 그런데 이 보충설명은 매우 뜻밖의 방식으로 이루어졌다. 왜냐하면 참석자 중 한 사람이 이렇게 말했기 때문이다: "나는 자매님의 기도에서 다음과 같은 감동을 받았습니다. 하나님께서는 아마도 자매님이 학업을 위한 마지막 동인을 상실하지 않게 하시려고 자매님을 도우신 것이라는 사실입니다. 그러니까 자매님은 합격에 대한 감사보다는 오히려 졸업시험을 준비하도록 이제 2년이라는 시간을 주신 것에 대해 하나님께 감사하는 것이 좋겠다는 생각입니다." 그 여자는 그렇게 했고, 우리들 또한 모두 진정으로 함께 감사할 수 있었다. 이런 보충설명이 없었더라면, 하나님께 대한 그 감사는 학업을 위한 결핍된 동인을 단지 더 악화시켰을 터이지만, 그 보충설명은 미래에 대한 전망을 한층 더 열어 놓았다.

이 경험 이후 나는 나의 감사를 종종 하나님께서 자신의 행동에 대해 말씀하시는 보충설명이 없는가 하는 질문과 연결시킨다. 왜냐하면 이렇게 함으로 나는 내가 그 분의 손길을 통해 받은 선한 것에 대해 기뻐할 뿐만 아니라, 동시에 그것이 계속해서 하나님의 축복이 될 수 있게 하기 위한 법을 배울 수 있기 때문이다.

찬양

감사가 특정한 사건에 대한 반응인 반면, 찬양은 매우 일반적인 의미에서 하나님의 위대하심에 집중하는 것이다. 그러므로 성경에서는 반복해서 우리에게 하나님을 찬양하라고 요구하신다. 왜냐하면 찬양을 통해 그 분의 위대하심을 더 잘 인지할 수 있기 때문이다. 이것 자체에 이미 의사소통적인 면이 있음을 알 수 있다. 왜냐하면 내가 내 기도 가운데 하나님은 선하시다고 말한다면, 그것은 사실 나 자신에게 말하는 것이 되기 때문이다. 그러므로 우리는 우리의 기도나 노래 가운데 끊임없이 하나님이 어떤 분이신가를 분명히 하는 것은 중요하다. 시 145편에서는 이렇게 하나님을 찬양하고 있다: 여호와는 위대하시니 크게 찬양할 것이라. 여호와는 은혜로우시며 긍휼이 많으시며 노하기를 더디 하시며 인자하심이 크시도다. 모든 눈이 주를 앙망하오니 주는 때를 따라 그들에게 먹을 것을 주시나이다. 여호와께서는 그 모든 행위에 의로우시며 그 모든 일에 은혜로우시도다." 만약 이런 하나님의 모습이 나의 의식에 각인되어 있다면, 나는 언제나 그 분께 신뢰함으로 다가갈 수 있고 나의 희망을 그 분께 둘 수 있을 것이다.

내가 이 찬양을 특정한 기도시간이나 예배에 제한하지 않고 나의 삶의 태도에 적용시킨다면, 이런 사실은 더 분명해질 것이다. 나는 일상생활에서 하나님이 얼마나 크신 분인가를 깨닫는다. 그러므로 나는 아름다운 경치를 보거나 음악을 들을 때 또는 어떤 사람과 좋은 만남을 가졌을 때 하나님을 찬양할 수 있다. 나는 내가 살아 있음을 기뻐하며, 누군가의 일이 잘 될 때 기뻐하고, 어떤 사람이 좋은 일을 할 때도 기뻐한다. 그래서 나는 이 세상에 있는 모든 선함이 하나님의 현존의 역사라는 사실을 깨닫는다.

경배(Anbetung)

경배처럼 의사소통적인 기도의 형식은 없다. 청원하거나 찬양할 때와는 달리 여기에선 내가 하나님께 어떤 것을 말하는 것은 전혀 중요하지 않고, 내 자신을 그 분의 친밀함에 의식적으로 내맡기는 것이 중요하다. 나는 조용한 곳에 물러나 성경구절을 읽고 묵상 가운데 찬송하며 하나님께서 가까이 계신 것을 느끼며 기뻐한다. 이것은 일상생활의 현장에서보다 교회 안에서나 아름다운 자연이 있는 곳에서 더 잘 경험된다. 왜냐하면 경배할 때는 내용이 우선이 되는 기도를 할 때보다 내 감정과 상상력이 더 강하게 작용하기 때문이다. 경배할 때 나는 영적인 자극을 기대하지 않는다. 왜냐하면 나는 하나님을 더 많이 사랑하고 더 잘 이해하기 위해 그분을 그냥 바라보고 싶기 때문이다. 때론 그 분의 위대하심이 나를 사로잡기도 하고, 때론 지금까지 의문으로 남아 있었던 그 분의 행동 가운데 어떤 부분이 갑작스레 이해되기도 하며, 또는 친밀하심을 통한 그 분의 보호에 기뻐하기도 한다. 나는 그 분에게서 어떤 특정한 것을 찾거나 원하지 않고 안식할 수 있다. 신뢰와 보호, 하나님의 위대하심에 대한 인지는 하늘에 계신 아버지와 내적인 교제를 통해 얻어지는 결과들이다. 이 교제의 끝부분에서 가능한 한 나는 내가 경험한 것을 말로 나타내며 하나님께 경배한다.

하나님은 나를 찾아오신다

누가 먼저 시작하느냐에 관계없이 하나님과 사람 사이의 모든 의사소통을 기도로서 이해하는 사람은, 얼마나 많은 기도가 하나님께서 대화를 시작하심으로 이루어지는 지를 알고 놀랄 것이다. 가장 흔한 경우는 성경을 읽을 때다. 이어지는 본문 중에 단어 하나가 또는 한 구절이 나에게 직접적으로 부딪쳐온다. 이전에 나는 이런 것들을 단순히 지식으로 간직했고, 좀 더 나아간다면 그 내용에 대해 깊이 생각해 보았을 뿐이었다. 그러나 요즈음은 이런 감동을 지나쳐버리지 않고 고요함 속에서, 하나님께서 혹시 그것을 통해 나에게 어떤 특별한 것을 말씀하시고자 하는 것이 아닌지 묻는다. 물론 항상 그런 것은 아니지만, 종종 묵상 가운데 나는 하나님이 말씀하신 것과 연결시킬 수 있는 생각이나 지침을 얻는다. 나는 이런 감동을 묻고 또 점검하며 대하는데, 그것은 나에게 내가 평소에 좋아하는 생각과 하나님의 말씀을 혼동할 수 있는 위험이 항상 도사리고 있기 때문이다. 그래서 나는 내적인 동의가 설 때까지 그것을 조심스럽게 더듬어 나아간다. 만약 그렇게 되지 않으면, 나는 그 감동을 다시 내 마음에서 내려놓고, 오직 읽은 본문의 내용에만 집중한다.

며칠 전 나는 기도문 가운데 다음과 같은 말씀을 읽었다: "너희 가운데 살아계신 하나님이 계심을 기억하라"(수 3:10). 물론 나는 비슷한 말씀을 여러 번 읽었다. 그렇지만 이번에는 그 말씀이 나에게 매우 직접적으로 부딪쳐 왔다. 잠시 조용한 시간을 가진 후 묵상 가운데 하나님과 다음과 같은 대화를 나눴다:

> 나 : "주님, 저는 요즈음 주님께서 살아계신 하나님으로서 우리 가운데 계시다는 사실을 잘 느끼지 못했습니다."
>
> 그 분 : "또한 너는 매우 신중하지 못했고, 모든 문제되는 것들에 몰두했었단다."
>
> 나 : "오늘 그것이 달라져야 하겠습니다."
>
> 그 분 : "그렇다면 너는 너의 시간을 달리 분배해야 한다. 왜냐하면 네가 만일 최근처럼 그렇게 많은 것을 하고

자 할 때는, 너의 모든 노력에도 불구하고 나의 현존을 느끼지 못할 것이기 때문이다."

하나님의 이 말씀은 물론 소리로 듣지 않았다. 하나님께서 나에게 이 짧은 대화에서 표현한 것과 같은 그런 방향으로 말씀하시고자 한다는 느낌을 받았다. 이 기도가 끝난 후 얼마동안 나는 시간 분배에 중점을 두었고, 몇 가지 과제를 뒤로 미뤘다. 그리고 실제로 나는 최근에 하나님의 직접적인 행동을 알아차릴 수 있는 다음과 같은 몇 가지 일들을 경험했다: 아내와의 대화를 통해 중요한 통찰을 얻을 수 있었고, 기다렸던 전화가 드디어 걸려와 나에게 많은 시간을 절약하게 해 주었으며, 한 산책경험을 통해 하나님의 창조의 아름다움을 특별히 감탄할 수 있었다. 오후가 되어선 계획보다 더 많은 일을 할 수 있었고, 갑작스런 방문을 통지 받았을 때와 같은 심리적 부담이 없었다.

하나님께서 나에게 말씀하시는 통로가 항상 성경말씀인 것은 아니다. 어떤 책에서 따온 인용구가 그럴 수 있고, 설교 가운데 어떤 말씀이나 대화 중에 들은 말 한 마디가 그럴 수 있다. 하나님께서는 어떤 사건을 통해 나와 대화하고 싶으시다는 사실에 대해 내 주의를 환기시키시거나, 미리 예측할 수 없는 어떤 때에 특별히 자신에게 귀 기울이라는 감동을 주실 수 있다. 한 번은 고속도로를 달리고 있을 때, 갑자기 다음 주차장으로 진입하라는 느낌을 받았다. 처음엔 사고가 났거나 정체가 심해서 그런가 생각했으나 교통방송에서 그런 소식은 전혀 언급되지 않았다. 그래서 나는 잠시 앉아 있었다. 그리고 내 생각이 점점 더 강하게 어떤 특정한 문제에 집중되는 것을 경험했다. 나는 몇 가지 사항을 쪽지에 기록한 다음 무언가 불안한 채 계속해서 운전했다. 내가 잘못 들은 것일까? 저녁에 내 발표가 끝난 후 토론시간이 되었을 때, 한 여자 참석자가 내가 주차장에서 정차해 있는 동안 몰두했던 주제와 직접적인 관련이 있는 질문을 했다. 나는 그 질문자에게 유익한 답변을 했고, 또한 왜 내가 주차장으로 진입하라는 감동을 받았는지 그 이유를 깨닫게 되었다.

하나님은 어떻게 말씀하시는가?

진정한 대화는 대화 상대자 모두가 상대방이 말하고 있는 바가 무엇인지를 이해할 때 가능하다. 하나님과 대화할 때는 문제가 없다: 그 분은 우리가 불분명하게 표현하거나 우리 자신이 우리의 생각을 정확히 알지 못할 때에도 우리를 이해하신다. 그러나 그 반대 경우는 매우 어렵다. 왜냐하면 하나님께 우리에게 말씀하시고자 하는 것은 모두 우리의 의식에 이르는 올바른 통로를 찾아야 하기 때문이다. 이러한 의식은 또한 텅 비어있는 것이 아니라 자신의 생각과 느낌과 자극들로 가득 채워져 있기 때문이다. 우리가 하나님의 말씀을 들으려 한다면, 그 분의 생각과 감동을 그 분의 말씀으로 인식할 수 있도록, 우리 자신의 생각과 자극으로부터 그 분의 것을 구분해 낼 수 있어야 한다.

사람의 생각과 하나님의 뜻을 분별하는 것은 매우 어려운 과정이다. 분명한 결과를 얻지 못할 때가 많다. 그럼에도 불구하고 우리가 하나님의 음성 듣는 것을 포기하지 않으려 한다면, 우리는 이러한 노력을 늘 새롭게 해야 한다. 완전히 분명한 결과에 이르는 경우가 매우 적기 때문에, 이 과정에서 우리는 쉽게 어떤 결론을 내릴 것이 아니라 매우 조심스럽게 어떤 결정에 이르는 것이 중요하다. 우리 자신의 의식에서 만들어진 것과 하나님께서 주신 생각과 자극을 구분하는 데 무엇이 우리에게 도움이 될 수 있을까?

1. 나는 일반적으로 하나님의 말씀이 우리가 이미 알고 있는 형식으로 전달된다는 사실을 분명히 하는 것이 매우 중요하다고 생각한다. 그것은 그 방식에서 우리가 늘 의식하고 있는 것과 아예 구분되지 않거나 또는 아주 뚜렷히 구분되지 않은 생각과 느낌과 자극들이다. 이러한 점은 내가 어떤 특별한 하나님의 개입을 기다리지 않고, 나의 일상 생활에서 그것을 찾도록 나를 자극한다.

2. 우리가 하나님을 이해할 수 있도록, 그 분의 말씀은 "위로부터 직접" 임하지 않고 우리의 인격과 경험의 범주 안에 정돈되어 있다. 하나님께서는 우리가 자신이 말씀하시는 바를 우리 자신의 이성과 감각을 가지고 이해하기를 원하신다.

우리는 그 분을 신뢰해야 하지만 "눈이 멀" 필요는 없다. 우리는 그 분의 말씀을 우리의 인식과 경험의 차원에서 숙고할 수 있다. 그렇게 하지 않으면 우리는 실제든 추정이든 하나님께로부터 온 것을 그냥 맹신해 버리거나 그것을 완전히 부정해야 하는 딜레마에 빠질 것이다.

3. 어디에서인지는 분명치 않으나 어떤 생각이나 자극에서 하나님은 지금 말씀하고 계실지 모른다는 나의 추측이 시작된다. 그것은 매우 다양한 방식으로 발생한다: 아마도 내 주의와 관심은 평범하지 않는 분명함 속에서 그런 생각에 고정되어 있거나 또는 내가 계속해서 다시 그 생각으로 돌아올 것이다. 아마도 그 자극은 너무 강렬해서 내 심장박동을 느낄 수 있는 정도가 될 것이다.

4. 이런 일이 벌어지면, 나는 우선 내가 이렇게 강렬한 자극을 느끼도록 하는 다른 이유가 있지 않는가를 묻는다. 이런 생각은 벌써 오래 전부터 해온 생각일 수도 있고, 그것은 내 자신의 소원과 정확히 일치할 수도 있을 것이다. 또한 그

것의 의미는 내가 이미 해본 어느 특정한 경험과 관계가 있을 수 있다. 마지막으로 그것은 내가 소속해 있는 단체나 교회에서 높은 신망을 얻고 있는 문제일 수 있다. 내가 만일 이런 것들에 일치하는 어떤 것을 찾으면, 나는 그 자극을 다시 물리친다. 그리고 그럼에도 불구하고 그것이 하나님의 말씀과 관련된 것이라면 새로운 시도를 할 수 있게 해달라고 하나님께 간구한다.

5. 하나님께서 나에게 말씀하셨다는 사실의 가능성이 크면, 나는 그 자극을 점검해 본다. 그것이 성경의 기본사상과 어긋나지는 않는가? 그것이 나의 인생경험과 일치하지 않는 것은 아닌가? 이런 질문에 긍정보다는 부정을 해야 할 땐 나는 마찬가지로 이 자극을 물리친다. 물론 이러한 조치가 이런 점검의 단계에서 아직 최종적이어서는 안 된다. 왜냐하면 하나님께서 내가 이미 오랫동안 몰두해 오던 것이나 높은 신망을 얻고 있는 문제, 또는 지금까지 나의 인생경험과 일치하지 않는 것을 계시하실 수도 있기 때문이다. 그러므로 나는 하나님께서 이런 생각과 자극을 다시 하실 수 있는 가능

성을 열어 둔다.

6. 여러 점검 절차를 통해 부정적인 요소가 발견되지 않았을 때, 나는 그것이 진정한 하나님의 말씀이라고 간주한다. 그럼에도 불구하고 나는 그 생각과 자극이 절대적인 하나님의 계시라고 생각하지는 않는다. 왜냐하면 그것은 나의 점검을 너무 신뢰하는 것이 될 수 있기 때문이다. 그러나 그 생각과 자극들은 어떤 길을 시작하는데 도움을 주거나 지금까지 걸어온 나의 길을 확인하는 발판이 된다. 내가 그것을 통해 하나님의 뜻을 깨닫고 그것을 따르는 삶을 사는데 더 나아졌는가 하는 점은 궁극적으로 미래에 가서야 판가름 될 것이다.

7. 심사숙고와 즉흥성 사이의 의미 있는 중용의 도를 찾는 것은 중요하다. 나는 그 모든 역동성이 사라질 때까지 점검하므로 하나님의 음성을 소멸시킬 수 있다. 나는 성경을 읽을 때나 기도할 때 떠오른 모든 생각을 점검 없이 하나님의 말씀으로 받아들였다가 그로 인해 심각한 오류를 범할

수 있다. 하나님의 말씀을 본인의 생각과 자극으로부터 구분해 내려고 오랫동안 애써온 사람은, 점차 많은 경험을 쌓아 승리하는 삶을 살게 될 것이다 - 무엇보다 자신의 실수로부터 늘 새롭게 배움으로써 말이다.

 그 점검과정이 그렇게 복잡하다면 차라리 듣는 기도와 하나님과의 대화를 포기하는 것이 더 낫지 않겠느냐는 의문이 아직 남아 있다. 그러나 우리에게 다른 선택의 가능성은 없을까? 만일 우리가 하나님의 감동과 인간의 자극 사이를 구분하는 일을 제외시키면, 우리는 오직 둘 다 결코 바람직하지 않은 다음 두 가지 태도 가운데 하나를 선택할 수밖에 없다: 하나님의 음성 듣는 것을 포기하거나 아니면 모든 것을 점검없이 받아들이거나. 이와 반대로 하나님께서 주셨을 가능성이 있는 생각과 자극들을 신중하게 점검하며 대하는 사람은, 우리에게 인생을 풍요롭게 하는 하나님과의 진정한 교제가 있다는 사실을 자주 경험하게 될 것이다.

하나님은 자신의 말씀을 통해 말씀하신다

하나님의 말씀으로서 성경은 우리가 확실한 인식을 가지고 찾을 때만 발견하게 되는 유효한 진리를 말하고 있다. 우리는 성경의 근본이 되는 말씀들을 이해하고 그 전후맥락을 깨닫기 원하며, 다양한 주석가들에 의해 편찬된 지식들을 수용하기 원한다. 이와는 달리 우리는 성경본문을 완전히 개인적으로 읽을 수 있고, 그 때 다음과 같은 질문을 할 수 있다: "주님, 이 말씀을 통해 오늘 저에게 무엇을 말씀하시고자 하십니까?" 이 두 가지 태도가 모두 중요하다. 이것은 우리에게 필요한 성경에 대한 상이한 접근방법으로서 서로 보완이 될 수 있다. 내가 성경을 읽을 때 내 자신을 위해 깨달은 점을 일반적으로 유효한 하나님 말씀의 진리의 빛 아래 점검해 보아야 한다. 그리고 성경을 연구하는 사람은 성경이 주는 도전을 자기 자신의 삶을 위해 받아들일 수 있어야 한다. 수십 년 전부터 "경건의 시간"(Q. T.)이 개인적인 성경읽기의 적절한 형태로 입증되었다. 그 이유는 무엇보다도 그것이 듣는 기도와 하나님의 말씀하심을 위한 좋은 기회를 제공하기 때문이다. 아래에서는 그 과정에서 의미 있다고 생각되는 단계들을 서술하고자 한다.

1. 방해 받지 않고, 집중하기 편리한 분위기가 조성된 한 공간을 찾는다.

2. 그런 다음 먼저 성경본문을 읽는다. 성경본문은 매일매일 연속해서 성경읽기 계획표를 따라 있는 것이 가장 좋다. 또한 성경본문은 천천히 그리고 생각하며 읽을 수 있도록 너무 길지 않는 것이 좋겠다.

3. 본문을 읽은 후 침묵의 시간을 갖는다. 이 때 본문에 대해 묵상할 수 있고 묵상할 때 생기는 감동들(Impulse)을 인지할 수 있다.

4. 가장 좋은 것은 떠오른 생각과 감동들을 그냥 있는 그대로 적는 것이다. 이 때 곧바로 "알곡과 쭉정이"를 가리는 작업을 할 필요는 없다.

5. 이어서 기록한 내용을 간략하게 분류할 수 있다. 대부분 본문에 대한 생각과 기도제목, 하나님께 향한 질문들이 있다. 그밖에 우리는 종종 우리가 간과하거나 진지하게 받아들이지 않았던 우리 일상의 일들을 떠올리게 될 것이다.

6. 지금 기도한다면, 기도제목들이 다른 때보다 대부분 훨씬 구체적이다. 또한 하나님께 묻고자 하는 구체적인 질문들이 있기 때문에, 그 분과의 대화가 훨씬 쉽게 이루어진다.

7. 중요하다고 여겨지는 생각들에는 특별한 표시를 할 수 있다. 그렇게 해 놓으면, 한 주 후에 그 생각들을 다시 살펴보거나 그 자극들로부터 무슨 일이 벌어졌는지를 알아 보는 데 편리하다.

이 경건의 시간은 부부가 함께 또는 기도의 동역자와 더불어 할 수 있다. 많은 사람들이 혼자서 경건의 시간을 갖지만, 일정한 시간을 두고 각자의 감동을 나누고 점검하며 그 감동들로부터 일어난 일들을 확인할 수 있는 동반자를 만난다. 다른 사람을 통한 보충은 이러한 개인적인 성경읽기와 듣는 기도의 형식에서 귀중한 도움이 된다.

하나님은 침묵으로 말씀하신다

고요함은 소리, 잡음, 우리를 둘러싸고 있는 말이 없는 상태를 말한다. 그것은 우리가 하나님의 음성을 들을 수 있게 하는 중요한 전제조건이다. 침묵에는 더 많은 의미가 있다: 그것은 늘 우리의 의식 속에 자리하고 있는 사고와 감정이 없는 상태를 말한다. 침묵은 우리 내면의 깊은 층으로 우리 자신을 개방할 수 있는 우리 영혼의 상태다. 우리가 하나님 앞에서 침묵할 때 하늘에 계신 아버지 하나님을 만날 수 있는 영적인 공간이 마련된다. 침묵할 땐 우리의 사고와 감정이 더 이상 작용하지 않기 때문에, 여기에서 우리는 하나님의 구체적인 말씀을 기대할 뿐 아니라, 단순한 그 분의 임재의 경험을 예상하게 된다. 침묵 가운데 우리가 하나님께 전적으로 가까이 할 때, 그 분께서도 우리 자신에게 온전히 함께 하실 수 있다. 하나님과 사람 사이의 관계는 더 이상 말이 아니라 존재의 차원이 된다. 그리고 이 때 하나님께서는 우리에게 새롭고 깊은 존재론적 차원의 만남을 주신다. 왜냐하면 바로 이 때 우리가 그 분과 하나가 될 수 있기 때문이다.

더 나은 사람이 되고 더 나은 그리스도인이 되고자 하나님을 침묵 속에서 만나기를 원하는 사람은 그 분과의 일치를 경험하지 못한다. 왜냐하면 그의 생각은 성공을 노리는 생각으로부터 분리될 수 없기 때문이다. 여기에서 허용되는 유일한 동기는 사랑이다. 사람 사이에서 사랑이 친밀함을 동경하듯이 하나님께 대한 나의 관계에서도 마찬가지다. 나는 그 분을 만나기 위해 침묵 속으로 들어간다.

침묵 가운데 하나님을 만나기를 원하면서 지금 자신의 모습 그대로 머무르고자 하는 사람도 그 분과의 일치를 경험하지 못한다. 왜냐하면 내가 미개척지를 얻을 준비가 되어 있을 때 비로소 사고와 감정으로부터 해방을 경험할 것이기 때문이다. 메타노이아(회개)가 의미하는 바는 근본적인 변화를 수반한 자신의 삶의 방향 수정을 일으키는 사고의 전환이다. 침묵은 내가 친숙하지 않는 것에 맞닥뜨릴 때에도 그분의 손에 맡겨져 있다고 믿는 하나님께 대한 나의 전폭적인 신뢰다.

침묵 가운데 하나님을 만나고자 하는 사람은 고요함과 집중을 위한 장소가 필요하다. 그것은 나를 위해 만든 특별한 공간이 될 수 있고, 자연 속에 있는 어떤 곳이 될 수 있으며, 내가 생활하고 일하는 장소가 될 수도 있다. 나의 서재에서 침묵의 시간을 갖고자 한다면, 나는 나의 책상을 떠나 무릎을 꿇는다. 그 때 나는 종종 내 방에 걸려있는 - 출생에서 십자가와 부활에 이르기까지 예수님의 전생애를 보여주는 - 샤갈의 석판화를 바라본다.

침묵 가운데 하나님을 만나고자 하는 사람은 고요함에서 침묵에 이르는 단계를 거쳐야 한다. 나는 긴장을 푼 채 앉아서 나의 생각과 감정들이 점차 그 명료함을 잃고 서서히 나에게서 떠나갈 때까지 그것들을 목적 없이 배회하게 만든다. 어떤 생각이 계속 다시 떠오르면, 의식적으로 그것을 내 자신과 분리시켜 멀리 "보내 버린다." 침묵의 상태에 이르렀다고 생각되면, 나는 하나님께서 내 곁에 있다는 사실을 떠올리고 내가 그 분 가까이에 있음을 기뻐한다.

하나님 앞에서의 침묵은 5분 혹은 그 이상이 걸릴지 모른다. 그리고 나는 그 때 무슨 일이 벌어질지 예고할 수 없다. 내가 하나님 곁에 있다는 사실은 나를 매우 기쁘게 하고, 그 때 내가 또한 내 자신을 발견한다는 사실을 느낀다. 하나님 앞에서 침묵할 땐 나의 관심사들이 사라지며, 나는 의식적으로 그 분의 음성을 듣고자 하는 노력들을 포기한다. 그러나 나는 영과 혼과 육체가 소생함을 느낀다. 침묵은 나에게 하나님에 대한 경배로 나아가는 중요한 관문이다. 그 안에서 나는 그 분과 함께 하며 그 분을 바라 보고 그 분의 현존에 기뻐한다.

하나님은 일상에서 말씀하신다

"언제나" 기도한다는 것은 늘 하나님의 음성을 들을 준비가 되어 있는 상태를 의미한다고 이미 말했다. 이런 점에서 볼 때 일상은 하나님의 말씀을 듣는 데에 있어 그 의미가 예배나 기도시간보다 결코 뒤지지 않는 영역이다. 물론 하나님의 활동이 나타나는 모습은 다르다: 그것은 더 소박하고 더 조용하며, 우리에게 친숙한 언어나 일상의 경험, 세속적인 공간에서 일어나는 일반 사건과 거의 구분할 수 없다. 우리가 이러한 일상의 영성을 깨닫는 것을 배운다면, 우리는 일상생활에서 우리의 개인적인 기도시간이나 예배에서처럼 의사소통적인 기도가 따르는 많은 경험들을 하게 될 것이다. 다음 몇 가지 예에서 이런 점이 분명하게 드러날 것이다.

나는 일상의 번잡함 속에서도 기도하고 그 분의 음성을 듣기 위하여 고요한 몇 분의 시간을 찾는다. 나는 그 안에서 하나님의 현존을 느끼기를 원한다. 그것은 생각처럼 그렇게 어렵지 않다: 나는 도심의 의자에 앉거나, 기차 안에서 잠시 눈을 감으며, 차가 정체되는 시간을 이용하거나, 짧은 휴식이 가능할 때 책상 앞에서 긴장을 푼다. 직업이나 삶의 현실에 따라 각자가 자기 고유의 방식을 발견할 수 있다. 물론 그것을 위해 있어야 할 전제조건은 분주함으로 온통 휩싸여 지내지 않는 삶의 방식과 일의 방식이다.

때때로 나는 구체적인 감동을 받는다: 중단하라! 나는 이미 이유를 모른 채 고속도로변의 한 주차장에 멈추었던 일을 말했다. 일상에서 이와 같은 종류의 많은 시발점들을 경험한다: 나는 더 빨리 어떤 대화를 나누기 위해 핸드폰을 가져가지 않고, 하나님께서 나에게 무엇인가 말씀하시고자 하지 않는가를 들으려고 애쓴다. 나는 동역자들에게 10분만 나를 방해하지 말고 그냥 놔두라고 부탁한다. 나는 기도하기 위해 보통의 휴식시간을 이용한다. '중단하라'와 같은 감동은 아주 드물게 느낀다. 그러나 내가 그런 감동을 느낄 땐, 대부분 그것은 내가 실감할 수 있는 의미가 있다. 그러나 일반적으로 그러한 의미는 나중에서야 깨닫게 된다. 한 번은 어떤 어려운 전화통화를 해야 하기 전에 그런 감동이 온 적이 있다. 멈추고 묵상하는 가운데 이 대화를 위해 매우 중요한 무엇인가를 깨닫게 되었다.

일상에서 나는 쉴 사이없이 변화하는 사건들에 둘러싸여 지낸다: 어떤 사람과 대화하며, 기차를 기다리고, 뉴스를 듣거나 어떤 결정을 내려야 한다. 나는 그 때 일어나는 일들을 이러한 상황에서도 꼭 기억하고 있어야 할 하나님의 친밀함에 늘 관련지을 수 있다. 나는 내 앞에 있는 어떤 사람을 보며 그를 말없이 축복하라는 감동을 받는다. 나는 어떤 뉴스를 들으며 그것이 나에게 무슨 의미가 있는지 하나님께 묻는다. 또 나를 돕는 사람을 만나 그에게 감사한다. 고요함 가운데 나는 이 세상에 선한 것이 있다는 사실에 대한 표징들을 주신 하나님께 감사한다. 나는 전혀 모르던 사람을 만나 어떻게 하나님께서 우리 두 사람을 위해 귀중한 만남을 이루시는가를 경험한다. 이런 경험들은 일상의 현실에서 마주치게 되는 다른 사건들과 다르지 않다. 그러나 그것들을 하나님의 행동과 관련지을 수 있기 때문에, 그것들은 나에게 하나님의 현존을 증거하는 본질적인 요소다.

깨어 있는 눈을 가지고 있을 땐 어떤 특별한 일이 생기지 않더라도 내가 일상에서 하나님을 만날 수 있다. 나는 아름다운 자연에 기뻐하며 하나님께 창조 세계에 대한 감사를 드린다. 나는 어떤 예술 작품을 보면서 하나님께서 자신의 창조능력을 사람에게 주신 것에 감탄한다. 그리고 많은 사람들, 즉 각자가 모두 다르다는 사실은 하나님의 끝없는 창조능력에 대한 표지(Zeichen)다. 나는 어디에서나 창조주 하나님의 생명의 숨결을 느낀다. 그것은 사람이 탈진되고 때로는 공격적일 때에도 발견할 수 있다. 하나님께서는 모든 사람을 서로 바꿀 수 없는 고유한 인격체로 창조하시고 그에게 자신의 삶을 만들어 갈 수 있는 자유를 주셨다.

우리 세계는 하나님의 것이며, 그 분께 속해 있다. 설령 그것이 대적자에 의해서 매우 보기 싫게 되더라도, 하나님은 이 세상을 포기하지 않으신다. 내가 호흡하므로 하나님께서 인간에게 불어 넣으신 "생명의 숨결"을 느낄 때, 내가 온통 하나님의 세계 속에서 살고 있다는 사실을 인식한다. 그것이 평일이나 주일이나, 지하철 안에 있을 때나 서재에서 있을 때나, 산 정상에 있을 때나 충돌많은 대화를 할 때나 언제 어떤 상황이든 말이다.

예수님과의 대화

나는 아주 특별한 형태의 기도를 Giovanino Guareschi와 그의 소설의 주인공 Don Camillo에게서 배웠다. 왜냐하면 돈 까밀로는 어려운 문제를 만날 때면 자신의 교회에 있는 십자가상 앞으로 나가, 자신에게 직접 답변하시는 그리스도와 얘기 했기 때문이다. 로마 교황청이 돈 까밀로의 "무지함"(Urgestein)을 깨뜨리기 위해 한 젊고 현대적인 사제를 보내었을 때, 다음의 짤막한 장면에서처럼 때때로 예수님은 먼저 그에게 말을 거셨다.

> 돈 까밀로는 아무도 없는 교회에서 위 아래를 오갔다. 그러나 그리스도께서 자신을 부르셨을 때, 자신이 원하는 말을 제대로 시작해 보려고 애썼으나 허사였다.

"돈 까밀로야, 너는 무엇을 하고 있는 거냐? 하나님의 종의 진정한 힘은 겸손에 있다는 사실을 잊었느냐?"

돈 까밀로가 맹세하듯 말했다: "주님, 저는 그 사실을 잊어 본 적이 없습니다. 저는 여기 주님 앞에 가장 겸손한 주님의 종으로 서 있습니다."

"돈 까밀로야, 하나님 앞에서 겸손하기는 쉽다. 너의 하나님은 인간이 되셨고, 사람 앞에서 겸손하셨다."

돈 까밀로가 양팔을 벌리고 깊은 한숨과 함께 말했다: "주님, 그렇다면 왜 저는 모든 것을 파괴시켜야 하지요?"

"그 어떤 것도 파괴하는 것이 아니란다. 그림을 새로운 액자에 넣는 것일 뿐, 그림은 그대로 있단다."

돈 까밀로가 겸손한 목소리로 되물었다: "주님, 그렇지만 그것들은 전통입니다; 그렇게 오랜 세월 동안 지켜온 방법이며 기억이지요…"

"아니다. 그것은 믿음과 아무 상관이 없는 아름다운 것들일 뿐이야. 너는 이런 것들을 사랑한다. 왜냐하면 그것이 너의 과거를 회상시켜 주기 때문이다. 그렇지만 진정한 겸손은 사람들이 가장 좋아하는 바로 그것을 포기하는 것이란다."

돈 까밀로는 고개를 숙이며 말했다: "주님, 제가 순종하겠습니다."

이것은 나로 하여금 이런 방식의 기도를 해 보도록 자극했다. 나는 예수님께 내 문제를 말하고, 그 분께 내가 어떤 상황에 놓여 있는지 설명한다. 그런 다음 나는 그 분께서 과연 무슨 대답을 하실까를 상상한다. 나는 그것을 기록한다. 그리고 이런 식으로 기도가 진행되면서 전체 대화가 형성된다. 물론 나는 이 대답들이 내 자신의 의식에서 생겨났으며 내가 그것을 단지 예수님의 입에 넣은 것일 뿐이라는 사실을 잘 알고 있다. 그러나 나는 그것이 아마도 내가 그렇게 직접적인 응답을 기대하기 때문에 주신 하나님의 말씀이었다는 사실을 자주 경험했다. 예수님과 그런 직접적인 대화를 나누는 것은 하나님과 하는 것보다 쉽다. 왜냐하면 예수님 자신이 인간이셨으며, 복음서의 기록으로 "형체"를 지닌 분이셨기 때문이다. 바로 곤경에 처해 있을 때 나는 예수님과 그런 직접적인 대화 나누기를 힘쓴다. 예수님의 답변이 우선 단지 내 의식에서 생겨났고 바로 그렇기 때문에 하나님의 말씀으로 나타나는 다른 모든 것과 마찬가지로 점검되어야 할 것임을 알면서도 말이다.

3. 공동체 기도

여호와의 눈은 온 땅을 두루 감찰하사 전심으로 자기에게 향하는 자들을 위하여 능력을 베푸시나니(대하 16:9)

3. 공동체 기도

　개인기도를 할 땐 혼자서 하나님를 만난다. 개인기도 시에는 나의 가장 내밀한 부분까지 개방한 채 그 분과 얘기할 수 있고 하나님의 음성을 듣는 가운데 전적으로 내 자신의 상황에 몰두할 수 있다. 그러나 이 모든 개인기도의 유익함에도 불구하고 그것은 곧 한계에 부딪친다. 왜냐하면 내 자신이 이해하지 못하는 것은 하나님께서 나에게 이해시키시기가 매우 어렵기 때문이다. 그리고 내가 내 생각 가운데 잘못된 길에 들어섰거나 하나님의 음성을 잘못 들었을 때, 나를 바로잡아줄 사람이 전혀 없기 때문이다. 바로 여기에 공동체 기도의 의미가 있다. 공동체 기도를 드릴 땐 나와 같은 문제로 기도하는 사람이 있다. 그 때는 내가 하나님의 음성 중에 수용할 수 없는 것을 보충하는 사람이 함께 기도한다. 그땐 내가 나의 바램이나 내 나름대로 생각을 통해 하나님의 뜻을 떠나 잘못된 길에 빠졌을 때 나를 바로잡아주는 사람이 있다. 물론 이런 공동체 기도를 위해서는 기도 가운데 주고 받음으로 생겨나는 결속, 즉 코이노니아라는 의미에서 진정한 유대관계가 이루어져야 한다.

공동체 안에서의 기도인가 아니면 기도 안에서의 공동체인가?

대부분의 전통적인 기도의 유대관계는 "연속해서" 행해지는 개별적인 기도로 이루어진다. 모두가 마치 자신이 하나님과 홀로 있는 것처럼 생각하며 기도한다. 그렇게 함으로써 다른 기도의 동참자들에겐 수동적인 역할을 하게 한다. 공동으로 하는 "아멘"은 각 개인의 기도를 확인하고 강화하는 기능을 해야 하지만, 실제에선 어떤 기도가 끝나고 다음 사람이 기도할 차례라는 사실을 나타낼 뿐이다.

  이것은 "공동체 안에서 하는 기도"(Gebet in der Gemeinschaft)라고는 할 수 있지만, "기도 가운데 이루어지는 공동체"(Gemeinschaft im Gebet)와는 거리가 멀다. 기도 가운데 이루어지는 공동체는 기도자들이 자신의 기도를 공동으로 하는 전체기도의 일부이며 그것을 서로 밀접한 관련이 있는 것으로 여길 때 생길 수 있다. 어떤 사람이 기도한 것을 다른 사람이 이어간다. 어떤 사람이 하나님께 질문을 가지고 있을 때, 다른 사람이 그 사람을 위한 답변을 들을 수 있다. 한 사람이 어떤 곤경에 대해 기도했을 때, 다른 사람이 그 곤경을 당한 사람 편에 서서 그 사람을 위해 기도할 수 있다. 또한 하나님께서 기도하는 사람들에게 말씀하실 때, 어떤 사람이 그것 가운데 한 부분을 인지하고 다른 사람들이 다른 부분들을 인지할 수 있다. 그래서 하나님의 음성의 조각들은 기도의 공동체 안에서 모자이크처럼 하나로 짜 맞춰진다.

  나는 한 가지 실례를 통해 "공동체 안에서 하는 기도"와 "기도 가운데 이루어지는 공동체"의 차이를 설명하고자 한다. 9.11 세계무역센터(WTC) 테러 사건이 일어났을 때 나는 어떤 목회자 세미나에 참석하고 있었다. 우리는 저녁에 예정된 프로그램 대신 기도회로 모였다. 모든 기도가 깊은 경악으로 채워졌으나, 그럼에도 불구하고 모두가 연속해서 기도할 뿐 서로 함께 기도하지 않았다. 많은 기도 가운데 분명히 드러났던 곤경에 대해 누구도 직접적인 반응을 보이지 않았고, 하나님께서 그날 저녁 우리에게 무엇인가 말씀하시려 했다 해도, 그것에 대해 공동으로 귀 기울일 기회가 없었을 것이다. 우리는 어딘가 모르게 형언할 수 없는 거리감을 느끼며 있었다. 그것은 이런 류의 그 어떤 다른 기도 모임에서보다 그 예외상황에서 더욱 강하게 느껴졌다. 거기에는 하나님과 대화의 가능성이 없었다. 만약 우리가 그런 가능성을 마련했다면, 아마도 하나님께서는 그것을 이용하셨을 것이다.

곧이어 계속해서 기도하기 위해 몇 개의 작은 기도그룹이 합쳐졌다. 나는 그 모임장소 구석에 앉아 있는 5명의 사람을 발견했다. 그곳엔 개별적인 기도와 많은 침묵, 또한 눈물과 다른 사람을 통한 위로가 있었고, 얼마의 시간이 지난 후엔 기도자들이 서로 축복하였다. 나중에 어떤 이가 나에게 말하길, 그 때 그들은 기도할 때 무엇보다 먼저 다음 주일 예배에서 자신들이 무엇을 해야 할지를 하나님께 물었어야 했다고 했다. 많은 목사들이 세미나 마지막에도 다음 주일 자신들의 교회에서 이 사건들에 대해 어떻게 반응해야 할 지 매우 곤혹스러워 했으나, 이 작은 기도모임에선 이 상황에서 무엇을 강조해야 할지가 점차 확실해졌다. 바로 이것이 "공동체 안에서의 기도"가 "기도 안에서의 공동체"로 변한 예다.

어떤 모임이나 교회의 공동체 가운데 이루어지는 의사소통적인 기도가 많은 교회 전통 속에서 그동안 너무 도외시되었기 때문에, 그것을 실행하려면 우리는 그것을 다시 새롭게 훈련해야 한다. 그것을 위해 다음과 같은 단계가 도움이 될 수 있다:

1. 기도모임 또는 교회 전체가 의사소통적인 기도를 위해 성서적이면서 실제적인 것을 준비한다. 그것은 세미나 형태가 가장 좋다. 왜냐하면 기도 가운데 침묵과 서로 듣는 것

은 많은 사람들에게 지금까지 자신들의 기도경험과 너무 동떨어진 것이기 때문에 소개와 훈련 없이는 불가능하다. 예배 참여자 중 일정한 수가 이런 세미나에 참여한 경험이 있을 때, 의사소통적인 기도가 예배에서도 자신의 위치를 찾을 수 있다.

  2. 의사소통적인 기도를 수행하기에 알맞도록 자리배치하는 것이 중요하다. 기도모임을 갖을 때 원형으로 앉게 하거나 좀 더 큰 모임에선 여러 개의 반원을 그리며 앉는 것이 좋다. 예배시엔 기도 공동체를 위해 일어서게 할 수 있고, 기도모임에서와 같이 원이나 여러 개의 반원을 만들기 위해 앞으로 나오게 할 수 있다.

  3. 기도할 때 말하는 것과 듣는 것은 바람직한 관계를 이루어야 한다. 의사소통적인 기도를 소개할 때 대부분 나는 하나님께서 두 개의 귀와 한 개의 입을 주셨음을 상기시킨다. 그래서 나는 기도할 때 말하는 것보다 적어도 두 배는 침묵하는 것이 바람직하다고 말한다. 그러니까 어떤 사람이

한 문장의 기도를 말했다면, 각자 그 말한 바를 감동시킬 수 있도록 적어도 그 두 배의 시간 동안 침묵해야 한다.

4. 예배시엔 설교의 내용과 기도자들의 문제가 기도 공동체를 결정하게 된다. 그러나 우리가 침묵하고 있다가 기도할 경우, 그 기도는 어떤 사람이 불러 일으킨 한 자극을 통해 완전히 다른 방향으로 진행될 수 있다. 바로 그곳이 하나님께서 우리의 생각과 우리의 행동을 움직이시고자 하는 방향인지 모른다. 하나님의 음성에 더 개방적인 기도로서 사전에 어떤 내용의 전제도 없이 드리는 기도는 "들음에서 시작되는 기도"(Beten aus dem Hören)라는 제목 아래 서술될 것이다.

5. 전통적인 기도 공동체엔 거의 대부분 최소한 적절한 곳에서 끝맺게 하는 지도나 감독이 필요하지 않다. 그런데 의사소통적인 기도에선 다르다. 예를 들어 어떤 사람이 장황한 기도를 하여 타인이 듣는 기도를 하지 못하게 하므로 의사소통적인 기도를 떠날 때는 적절한 조치가 있어야 한다. 아울러 짧은 기도도 유사한 작용을 할 수 있다: 어떤 사람이

기도 중에 하나님께 어떤 질문을 제기한다. 그것에 대한 하나님의 음성을 듣기 위한 시간을 갖는 대신, 예를 들어 하나님께 어떤 것에 대해 감사하는 기도를 드림으로 누군가 이와 완전히 다른 주제에 대해 이어서 기도한다. 의사소통적인 기도에 대한 소개와 위에서 말한 경우들이 발생했을 때 신중한 개입을 통해, 인도자는 우리가 서로를 통해 하나님의 음성을 듣고 기도 가운데 진정한 일치를 이룰 수 있는 공간을 마련하고 유지하는 역할을 할 수 있다.

들음에서 시작되는 기도

의사소통의 기도는 기도의 공동체 안에서 개별적인 기도자의 문제로부터 시작되며 그 공동체가 하나님의 음성에 대해 들을 뿐만 아니라 각자가 서로에게 연결된다. 이와는 달리 "들음에서 시작되는 기도"는 하나님이 우리에게 말씀하시고자 하는 바가 무엇인가 하는 것에 전적으로 집중한다. 우리는 하나님께서 감동주시는 주제를 기다리며, 그 분이 중심에 세우시는 사람과 상황에 몰두한다. 우리가 기도의 모임을 구성하긴 하나, 그 때 우리는 하나님의 주도하심 속에 일어나는 일이 무엇인가를 기다린다. 여기에서도 기도모임 안에 이런 기도를 위한 소개와 훈련이 필요하다. 일반적인 주일예배에 "들음에서 시작되는 기도"를 실행하기는 매우 어렵다. 왜냐하면 이 기도는 비교적 작은 모임에 적당하고 시간이 많이 필요하기 때문이다. 그렇지만 예를 들어 어떤 주일저녁 시간을 정해 "들음에서 시작되는 기도"의 원칙에 따라 진행되는 기도예배를 드릴 수 있다. 이런 기도의 형태는 어떤 모습을 띨까?

기도모임이 너무 커서는 안 된다. 이상적인 크기는 20-30명이며, 만약 참석자들이 의사소통의 기도에 대한 경험이 있다면 좀 큰 모임도 생각할 수 있다. 그 한계는 서로 이해하기 위해서 마이크가 필요한 경우까지다. 이 기도를 드릴 땐 시간의 부담을 느껴서는 안 된다. "들음에서 시작되는 기도"는 많은 묵상이 필요함으로 전통적인 형식의 기도에서 보다 더 많은 시간이 요구되기 때문이다. 이 기도를 위해선 한 시간에서 한 시간 반 정도의 시간은 계획해야 한다. 또한 이 기도의 밀도와 발전을 위해 필요하다면 이 시간도 한 번 연장할 수 있는 준비가 되어 있어야 한다.

아래에서 나는 "들음으로부터의 기도"의 원칙에 따라 진행되는 기도시간의 한 전형적인 예를 소개하고자 한다.

먼저 둥글게 앉아 하나의 중심을 만든다. 그것은 하나님의 현존에 집중하고 그것의 인지를 돕기 위함이다. 그러므로 예를 들어 원 중심에 초와 꽃으로 장식한 십자가를 놓을 수 있다.

처음에 묵상의 시간을 갖는다. 이것을 위한 시간은 5분 정도다. 이 시간은 기도모임이 일정한 침묵의 밀도에 이를 수 있도록 할당되어야 한다. 그러나 너무 길어서 집중이 다시 느슨해지지 않도록 주의해야 한다. 아무도 성경본문을 읽거나 찬송이나 설교의 일부분을 인용함으로 어떤 주제를 제안하지 않는다. 왜냐하면 우리는 첫 번째 즉흥적인 감동을 통해 들음으로부터 시작되는 기도의 출발점이 될 주제가 형성되기를 바라기 때문이다.

묵상의 시간이 끝나면 첫 번째 나눔의 시간을 갖는다. 어떤 사람은 찬송 한 절을 부르고, 어떤 사람은 기도하며, 또 어떤 사람은 성경의 한 단락을 읽는다. 기도나 어떤 특정한 생각이나 성경본문이나 찬송이 단지 하나의 중심 주제를 가지고 있을 때, 그것이 의사소통을 위해 장점이 된다는 사실을 우리는 배웠다. 함께 기도하는 사람 중에 누구나 이 주제를 수용하여 그것을 이어갈 수 있다. 이것은 참석자가 단지 짧은 기도나 한 가지 주제의 생각, 또한 성경 한 구절이나 찬송 한 소절로 나눔에 참여해야 한다는 사실을 의미한다. 이 첫 번째 부분의 중심점이 명백해졌을 때, 기도와 예언서 말씀 같은 성경말씀, 그 외에 그림이나 짧은 교훈적인 해석이 추가된다. 주제와 관련이 있다면 찬송 가사나 짧은 복음성가가 이러한 기도와 나눔 사이에 올 수 있다. 얼마의 시간이 지나면 이 부분이 완성되었다는 사실이 분명해진다. 그러면 두 번째 부분으로 넘어가기 위해 다시 묵상의 시간을 갖는다. 이것은 첫 번째 부분의 생각과 감동들이 참석자들에게 인상으로 남도록 하기 위함이다.

둘째 부분은 일반적으로 개인적인 문제를 위해 이용된다. 어떤 사람은 예를 들어 개인적인 어려운 결정을 하는데 하나님의 도움을 구한다. 참석자들에게 그 상황의 배경이 분명해질 때까지 몇 가지 질문을 할 수 있다. 이제 이어질 묵상의 시간이 끝나면 참석자들은 이 문제에 대한 나눔의 시간을 갖는다. 그들은 그 결정을 위한 방향을 제시할 수 있다; 그러나 종종 모두 함께 하나님께 가지고 나아가야 할 난처함이 여전히 남아 있다. 명백한 예언은 오히려 매우 드물다. 그런 경우엔 모임 전체가 그것을 점검해 보아야 한다. 위에 제시된 문제에 대한 기도를 한 후, 참석자들은 두세 명씩 일어나 문제를 가진 사람에게 손을 얹고 축복한다. 대체로 질병의 문제나 직업선택의 문제, 교회의 새로운 과제 또는 그 외의 개인과 공동체의 문제가 제시된다. 이 시간이 실효성이 있기 위해서는 참석자들이 몇 가지 문제에 집중하는 것이 좋다. 물론 이 시간에 모든 발언이 짧아야 할 필요는 없다.

왜냐하면 때때로 상세하게 말해야 할 일이 있고, 중보기도나 축복기도가 단지 몇 문장으로 제한될 필요가 없기 때문이다. 개인적인 문제들이 제기되었을 경우 기도시간은 대체로 감사와 찬양으로 끝난다.

마무리 나눔의 시간을 이용하여 기도시간에 일어난 일에 대해서 질문할 수 있다 - 그것은 이미 말한 바에 대해서 반복하는 것이 아니다. 또한 분명치 않은 상황들에 대해 말할 수 있다. 마무리 나눔의 시간을 갖는 것은 중요하다. 왜냐하면 이 때 아직 미결된 채 남아 있는 문제들이 다루어질 수 있기 때문이다. 때때로 그 나눔의 시간에서야 어떤 문제를 알게 되어, 그 문제를 하나님께 아뢰거나 또는 어떤 사람을 축복하고 하나님의 간섭하심을 구하기 위해 기도의 시간을 다시 한 번 갖게 되는 경우가 생긴다. 또한 이 나눔의 기간은 하나님의 직접적인 말씀이라고 말해진 발언들에 대해 점검할 수 있는 기회를 제공한다. 예를 들어 나는 참석자들에게 그런 예언적인 말들에 어떤 의문이나 좋지 않은 감정이 생기진 않았는지를 묻는다. 만약 그런 경우가 있다면, 우리는 그 질문들을 면밀히 검토한다. 때때로 그것들은 말한 바를 더 잘 이해할 수 있도록 하지만, 때론 그 발언이 분명히 하나님의 직접적인 음성이 아니었던 것으로 드러나기도 한다. 그것으로 그 발언이 의미가 없게 되는 것은 아니다. 그러나 그럴 경우 그것은 많은 조언 중 하나가 될 뿐이다. 만약 참석자 모두가 여기에서 하나님의 직접적인 말씀이 제시되었다고 동의하면, 우리는 하나님께서 이 말씀을 축복하시고 그것에 올바로 행동할 수 있게 우리를 도우시기를 기도한다.

예배에서 의사소통의 기도

전통적인 예배에선 의사소통의 기도형태는 거의 불가능하거나 그것을 위해 매우 많은 준비가 필요하다. 그것은 주(州)교회(Landeskirche, 주교회란 지방분권의 영향으로 현재 24지역의 주(州) 단위 교회로 나뉘어 있으며 루터교회와 개혁교회로 구성되어 있는 독일 개신교회를 가리킨다-역자 주)의 예배의식 뿐 아니라 대부분의 자유교회(freikirchliche Gemeinde)의 "공식화되지 않은" 규칙에도 적용된다. 나는 여기서 단지 내가 교회 개혁과 쇄신 운동을 하면서 알게 되었거나 내 자신이 직접 시도해 볼 수 있었던 시험모델만을 서술할 뿐이다. 비록 내 자신의 개인적인 배경으로 볼 때 자유교회의 경험이 더 강하게 작용했지만, 이 시험모델들은 주(州)교회에서도 실행 가능한 것으로 생각한다. 뿐만 아니라 여기엔 부분적이긴 하지만 주교회에서 시작된 모델들도 있다. 우리는 이제 어디에서나 이 문제에 관심 있는 교회들을 찾아, 점차 경험을 나누며 전통적인 기도와 의사소통의 기도 사이의 균형을 찾는 노력을 해야 한다.

예배의식(Liturgie)과 의사소통의 기도

필자가 1968년 함께 창립한 크라하임 성(Schloss Craheim)에 있는 그리스도인들의 일치를 위한 생활훈련원에서 우리는 처음부터 예배의식과 자유로운 듣는 기도를 서로 결합시키려는 노력을 해왔다. 이러한 연결은 전통과 자발성의 교환을 가능하게 하여 예배의식을 역동적이게 만들었다. 그리고 많은 경우 일탈과 선호 주제들이 제한되기 때문에, 자유기도 또한 예배의식에 연결됨으로 큰 이득이 된다는 사실을 확인했다. 우리는 어떻게 그것을 실행했는가? 우리는 예배의식 중 어떤 특정한 부분을 생략하고, 그 대신 들음에 기초한 자발적인 기도를 하게 했다. 예배의식적인 찬양은 이런 방식으로 현재화를 경험한다. 하나님에 대한 찬양의 근본은 기도자의 개인적인 경험과 연결되어 있기 때문이다. 이와 같이 죄의 고백이나 하나님께 대한 송영도 전체 혹은 부분적으로 자유롭게 구성할 수 있다. 대부분 그러한 순서를 예식서에 상응하는 말로 시작하여 자신의 맺음말로 마친다.

예식서가 없는 자유교회에선 자유기도를 예식서 본문과 연결시킴으로써 그와 같은 일을 반대로 한다. 그러므로 친숙한 것에 접목시키기 위해서 시편을 자유기도와 연결시킬 수 있다. 예식서로서 나는 시편의 한 대목을 인용하여 기도한다. 짧은 묵상 후에 예배 참가자들이 성서본문의 내용으로 즉흥적인 기도를 드린다. 그것은 예배 참가자들 묵상의 시간에 떠오른 생각과 자기 자신들의 문제와 경험을 시편본문과 연결시킴으로서 가능한 것이다. 이 때 언제나 나는 특별히 밀도 있는 기도공동체를 경험한다. 이 기도공동체는 성서본문에 귀 기울임과 하나님의 현재적인 말씀으로 특징지워지며, 이 때 예배의식적인 기도와 자발적인 기도가 매우 좋은 조화를 이룬다. 내 경험을 따라 말하자면, 예식서가 강조된 예배를 드리는 교회가 그러한 자유기도의 "섬들"(Inseln)에 개방적이 될 때, 그것은 매우 유용하다. 또한 반대로 단지 자유기도만을 알고 있는 교회가 그들의 기도 중에 예식서를 활용하는 것도 마찬가지로 중요하다.

기도사슬

기도사슬에서는 대부분 한 문장으로 이루어진 짧은 기도가 목걸이의 진주처럼 서로 나란히 이어진다. 이러한 기도의 기본원칙은 기도공동체에서 이미 설명했다. 교회가 개별적으로 기도하지 않고, 개인의 기도문장들을 공동기도의 부분으로 이해한다. 모든 참석자들이 이 기도의 내용을 개인적으로 수용할 수 있도록 기도의 문장마다 짧은 묵상의 시간을 갖는다. 종종 그것은 각자의 기도를 하나의 전체가 되게 서로 묶기 위함만으로도 충분하다. 왜냐하면 어떤 사람이 자신의 곤경에 대해 기도하고 교회가 이 문제를 수용하기 위한 시간을 가질 때, 교회가 그 문제에 관심을 가지게 될 것이며 완전히 다른 어떤 주제로 벗어나지 않을 것이기 때문이다. 또한 다른 곳에서 어떤 사람이 하나님의 자비로우신 역사에 대해 감사할 때, 다른 사람들도 함께 즐거워할 수 있고 그 감사에 동참할 수 있다.

그러니까 서로 듣는 것, 이것이 "진주들"을 하나로 묶는 "사슬"이다. 그러므로 기도사슬에서 거의 항상 하나의 "중심 주제"를 발견하며, 때때로 그것보다 더 많은 것을 제공하기도 한다: 기도문장들은 하나의 모자이크로 묶여질 수 있으며, 아마도 하나님께서 어떤 것에 강조점을 두고 싶어 하시는가에 대한 인상까지도 전달할 수 있다. 많은 사람들이 이 기도에 참여하기 때문에, 개개인이 자신들의 목적을 이룬다는 의미에서 다른 사람에게 어떤 영향을 줄 수 있는 위험이 혼자 기도할 때보다 적다.

  만약 어떤 기도공동체가 그런 어떤 강조점을 받았다면, 물론 그것은 그 후에 검토되어야 한다. 하나님의 말씀에 대한 들음에서 등장하는 모든 것과 마찬가지로 말이다. 그것은 교회 운영위원회를 통하거나 전 교인이 모인 자리에서 할 수 있다. 그 방식은 필자가 이미 서술한 바와 같다.

  전체의 흐름이 깨지지 않도록 개별적인 기도문장 사이에 "아멘"을 하지 않는 것이 좋다. 기도시간 마지막에 공동으로 하는 "아멘"은 전 교인들이 드린 기도에 대한 재확인이다. 특별히 검토가 반드시 필요한 예언적인 말씀을 기대하는 기도 모임에는 인도자가 필요하다. 인도자는 기도를 주관하여 모든 사람이 묵상에 이를 수 있도록 하고, 적절한 시점에 기도시간을 마무리 할 수 있어야 한다. 또한 개별적인 기도가 정도를 지나치고, 다른 사람을 혼란시킬 수 있는 진술을 할 경우에는 개입하여야 한다.

찬양

특별히 의사소통적인 기도를 시작할 때 알맞은 찬양의 시간이 각 교회에 증가하는 추세다. 물론 쉬지 않고 찬양만 해서는 안 되고, 또한 그것은 준비된 성경말씀이나 본문에 의해서만 중지될 수 있다. 왜냐하면 찬양만 계속할 경우 교인들은 수동적인 상태에 머물러 있게 되며, 그들의 다양한 재능과 관심사를 가지고 참여할 수가 없게 되기 때문이다. 입증된 순서로는 시작과 끝에 몇 곡의 찬양을 부르게 하고, 중간에 약 10분 정도의 시간을 주어 그 때 교인들 중에서 기도와 성경말씀과 감동들을 나눌 수 있게 하는 것이다. 여기서도 중요한 것은 짧은 기도와 묵상의 시간을 번갈아 갖는 것이다. 때때로 인도자는 기도시간이 긴 기도들에 의해 채워지거나 개인들이 자신을 묘사하는데 시간을 허비하지 않도록 배려해야 할 것이다.

축복

교회가 축복하는 것에 개방적일 때, 그것은 대부분 교회의 일부에만 예고된 특별 축복예배에서 행해진다. 이런 방식으로 축복하는 기회를 갖는 것은 얼마나 좋은 지 모른다. 그것은 주일예배에서 할 수 있을 만큼 중요한 것이기도 하다. 필자는 최근 특별히 카리스마적이지도 않은 교회에서 주일예배 중에 행해진 축복의 시간을 경험했다. 그것은 일반적인 교회활동에 통합되어 매우 인상적이었다. 설교 후 담임목사가 축복에 임할 사람들을 초대했다. 교회가 이것을 이미 알고 있는 터라, 그는 그것에 대해 많은 말을 할 필요가 없었다.

축복할 사람들이 교인들 앞에 서는 동안 악기 연주가 시작되었다. 문제를 가지고 있는 사람들이 앞으로 나왔고, 앞에 서 있는 사람 중 어느 한 사람에게 다가가 자신들의 문제를 얘기 했다. 그런 다음 그들과 함께 안수하며 기도했다. 이때 많은 부부들이 앞에 나왔으며, 그 가운데 아이들과 함께 나온 이들도 있었다. 축복을 받으려 하는 사람들과 축복하는 사람들 사이의 만남은 다정하고 매우 친밀했다. 이 축복의 시간이 교회활동의 일부임을 알아차릴 수 있었다. 참석자의 2/3 가량인 60명 정도가 앞으로 나온 후에야 축복을 희망하는 사람들의 행렬이 끝이 났다. 그래서 이 예배는 평소보다 훨씬 오래 동안 진행되었다. 이 오랜 시간 동안 자리에 앉아 있는 사람들은 집중적으로 함께 기도했고, 그 누구도 일찍 자리를 비우지 않았다는 사실이 매우 인상적이었다. 마지막 순서로 교인 전체가 악기연주로 연주된 곡을 함께 부르기 시작했고, 그런 다음 축도로 예배를 마쳤다.

전망

내가 말씀이나 생각으로 경험하는 하나님과의 모든 접촉이 기도며 하늘에 계신 나의 하나님과의 지속적인 관계에 대한 의식이 내 기도의 기초다. 그러므로 하나님과 대화로서의 기도는 내가 지금까지의 기도 형식에 덧붙여 추가적으로

획득해야 했던 특별한 기도형태가 아니라 모든 기도에 내재된 기도의 기본요소다. 그것이 자유기도에서든 예배의식적 기도에서든 상관없이 나의 간구와 탄식, 감사와 찬양을 결정할 수 있다. 그것은 우리 기도전통들의 계속이 아니라 우리 기도들의 목적성취다. 왜냐하면 우리는 기도를 통해 하나님께 우리의 심중에 있는 모든 것을 말할 수 있는 관계 속에 있으며, 그 분으로부터 그 분이 우리에게 말씀하시고자 하는 모든 것을 듣기를 원하기 때문이다.

  예수님께서는 하나님께 나의 아버지로서 기도하라고 가르쳐 주셨다. 그렇지만 나는 당연히 예수님이나 성령님께도 기도할 수 있다. 나의 기도에 등장하는 호칭은 내가 하나님과의 접촉을 찾을 때 어떤 생각이 나를 이끄는지를 표현한다. 모든 진실한 기도는 하나님께 도달된다. 왜냐하면 그 분은 삼위일체 하나님이시기 때문이다. 하나님께서는 나의 기도를 이해하시는데 전혀 문제가 없으시다. 내가 그 분께 말하든 예수님께 말하든, 또한 내가 무슨 기도를 드려야 할 지 분명치 않는 때에도 내 기도를 이해하실 것이다. 그러므로 우리는 하나님과 함께 말한다는 의미에서 기도를 거의 배울 필요가 없다. 그러나 그 분의 말씀을 듣는 것은 다르다. 그리고 이 때 우리가 하나님을 이해하기 위해서는, 주기도문이 보여주는 바와 같은 하나님 나라의 넓은 지평이 필요하다.

하나님이 말씀하시는 바를 듣고자 할 때 우리 모두는 아직 배워야 할 것이 많다. 그렇기 때문에 내 자신이 배우는 중에 있고 의사소통의 기도에 관한 분야에 아직 초보자에 불과하다고 스스로 평가함에도 불구하고 이 책을 썼다. 보충해야 할 것이 많다. 우리가 상이한 교단과 전통에 속한 자들로서 서로 배울 수 있다면 좋겠다. 그래서 우리의 새로운 경험과 더불어 우리가 매우 다양한 방식으로 보존해온 전통의 보물들이 상실되지 않기를 바란다. 하나님께서는 우리가 자신께 우리를 붙잡고 있는 문제들을 말할 수 있도록 자신을 우리에게 개방하신다. 그리고 우리에게 기대하신다: 하나님 자신이 우리와 대화할 수 있도록 우리가 우리 자신을 그 분께 개방하기를.

하늘에 계신 아버지여,

당신의 말씀을 듣기 원하나이다.

당신의 현존에 대한 믿음 가운데

내 마음을 토로하고,

나를 사로잡고 있는 모든 것을 말하나이다.

나에게 응답하시고,

나로 하여금 당신의 생각에 동참할 수 있게 하소서.

당신이 가까이 하시며

당신의 길을 열어 보이실 만큼

내가 당신 곁에 있나이다.

하나님,

나는 내 심중에 있는 것을 말하나이다.

또한 내가 듣기 원하나이다 -

당신께서 마음에 있는 바를 말씀하실 수 있도록.

참고문헌

Die Auszüge auf Seite 55 über das Jesusgespräch entstammen dem Ullstein-TB 2890, Seite 14ff. von Giovannio Guareschi, Don Camillo und die Rothaarige, Frankfurt 1985.

Roland Brown, Die lebendige Macht des Gebets, Wuppertal und Kassel 1987.
Richard Foster, Gottes Herz steht allen offen. Eine Einladung zum Gebet, Wuppertal und Kassel 1994.

Siegfried Großmann, Der Geist ist Leben. Hoffnung und Wagnis der charismatischen Erneuerung, Wuppertal und Kassel 1990.

Anselm Grün, Gebet als Begegnung, Münsterschwarzach 1990.

Peter Lincoln, Der Raum in mir. Erste Schritte auf dem Weg zur Stille, Moers 1997.

Leanne Payne, Dich will ich hören, Herr. Wie man durch das Führen eines Gebetstagebuches das leise Reden Gottes besser versteht, 3. Auflage Wiesbaden 2001.

Otto Hermann Pesch, Das Gebet, Mainz 1980.

Gerhard Ruhbach, Theologie und Spiritualität, Göttingen 1987.

Hans-Jürgen Schulz, Im Blickpunkt: Beten, Berlin 1982.

Eduard Schweizer, Die Bergpredigt, Göttingen 1982.